KB185481

건물 투자 비밀 노트
개정판

개정판

스마트한 건물 투자 지침서

건물 투자
비밀 노트

박준연 지음

두드림미디어

'왜 부자들은 건물을 살까?'

빌딩 컨설팅 비즈니스를 하는 제가 왜 책을 내야겠다고 마음먹게 되었는지 자문한 적이 있습니다. 많은 이야기가 숨어 있지만, 한마디로 정리하면 "왜 빌딩은 사는 사람만 계속 사고, 사지 못하는 사람은 죽어도 못 살까?" 하는 의구심에서 시작되었습니다.

빌딩은 아파트를 사고파는 것과는 성격이 다릅니다. 복잡한 세금 문제, 법률 문제, 각종 건축적 문제가 얽혀 있습니다. 빌딩을 사는 분 중에는 정말 어처구니없을 만큼 쉽게, 덥석 사는 분이 제법 있습니다. 그런데 희한하게도 이런 분들이 빌딩을 사서 돈을 벌면, 다시 또 빌딩을 사들이면서 몇 년 안에 고액 자산가로 거듭납니다. '고기도 먹어본 사람이 잘 먹는다'는 옛 속담을 공감하는 순간입니다.

반면, 몇 년에 걸쳐 컨설팅을 받고도 단 한 채도 사지 못하는 분이 있습니다. 생각이 너무 많은 것인지, 아니면 빌딩주가 되는 것이 두려운 것인지 저로서는 이해되지 않는 부분입니다. 아는 것이 많고 좋은 직업을 가진 분 중 유독 그런 성향이 많다는 것도 특징입니다.

저는 '어떤 사람은 빌딩을 한 번 사면 계속 사서 부를 축적하고, 또 어떤 사람은 빌딩을 사고 싶어도 못 사는 걸까?' 하는 고민을 하게 되었고, 제대로 된 정보와 지식 여부가 빌딩의 '빈익빈 부익부' 현상을 만든다는 결론에 이르렀습니다.

빌딩 투자 전문가인 제 입장에서 이런 상황을 지켜보는 것은 여간 힘들고 어려운 일이 아닙니다. 그래서 제가 할 수 있는 일이 무엇인지 고민하게 되었고, 책을 통해 관련 내용을 제대로 알려야겠다는 생각이 들었습니다. 시장을 잘 모르면서 무작정 투자하는 사람이 생각보다 많다는 사실에 놀란 마음을, 책을 쓰면서 다스리게 된 것입니다.

2022년 처음 출간한 책을 벌써 3년이라는 시간이 흘러 개정판을 내게 되었습니다. 개정판을 내면서 투자자분들에게 더욱 든든한 지침서가 될 수 있도록 부족한 부분을 채우고 변화된 내용은 다시 개정 보완을 했습니다. 조금 더 내실 있는 책이 되기를 바라는 바입니다.

신혼의 단꿈을 앗아간 경매 통지서로 삶이 뒤바뀌다

저는 대학에서 건축공학을 전공한 후 1996년 대기업에 입사했습니다. 국내 건설 현장의 최전선에서 뛰어다녔고, 대한민국 부동산 시장의 초고속 성장기를 가까이에서 지켜봤으며, 특히 빌딩을 포함한 다양한 상업용 건축물에 대한 이해와 경험을 쌓아왔습니다. 이런 지식과 경험을 바탕으로 새로운 길을 만들었고, 그 길을 따라 느리지만 단단하게 걸어왔습니다. 주변을 둘러봐도 친구나 회사 동료 가운데 저와 비슷한 이력을 지닌 사람은 그리 많지 않습니다. 사실 여기에는 제 개인적인 그런 사연이 숨어 있습니다. 어찌 보면 운명이었다는 생각이 듭니다.

20여 년 전, 저는 잠실에서 신혼 생활을 시작했습니다. 회사에서 무이자로 주택을 지원했고, 여기에 약간의 은행 대출을 받아 부모님의 도움 없이 신혼집 전세살이를 시작했습니다. 갓 결혼한 30대 초반의 제 모습을 떠올리니 세상이 온통 장밋빛으로 충만하던 기억이 납니다. 무엇이든 다 될 것 같았고, 앞으로 밝은 미래만이 기다리는 듯했습니다. 젊고 순수했지만 부동산에 대해서는 한없이 무지하던 시절이었습니다.

결혼하고 넉 달이 지난 뒤, 저는 우편으로 신혼집이 경매에 넘어갔다는 통지서를 받았습니다. 전세 계약을 할 때 근저당이 설정된 것을 알고는 있었습니다. 하지만 거래를 주선한 부동산 중개인이 "괜찮다. 집주인이 군대에서 퇴역한 분으로, 연금도 받고 있고 빌딩도 많으니 안 전할 거다"라고 한 말을 그대로 믿고 계약서에 도장을 찍은 것입니다. 장밋빛 미래가 순식간에 캄캄한 암흑으로 바뀌었습니다.

결혼하자마자 맞닥뜨린 불운한 현실. 하지만 어떻게든 스스로 난관을 헤쳐나가야 했습니다. 당시에는 지금처럼 인터넷이 발달하지 않아 주변 사람들을 붙잡고 물어볼 수밖에 없었고, 법원과 경매 컨설팅 업체를 찾아다니며 동분서주했습니다. 경매 대행업체에서 "직접 경매를 받지 않으면 전세보증금을 몽땅 잃어버린다"고 해서 경매 시장에 뛰어들었고, 결국 우여곡절 끝에 낙찰받아 집을 소유하는 상황이 만들어졌습니다. 사실 당시에는 집주인이 되었다는 뿌듯함보다는 전세보증금을 날리지 않아 다행이라는 마음이 더 컸습니다. 경매 과정에서 업체에 이리저리 휘둘리며 돈은 돈대로 쓰고, 시간도 오래 걸렸던 기억은 정말 고통스러웠습니다.

하지만 이 과정에서 뼈아픈 깨달음을 얻었습니다. 부동산 시장이라는 미지의 세계에서 제대로 모르면 속수무책으로 당할 수밖에 없다는 사실을 말입니다. 그 후 저와 아내는 부동산 시장의 현장 속으로 뛰어들었습니다. 주말에는 부동산 분양 현장을 돌아다니며 시장을 파악했고, 틈만 나면 인근 부동산 중개사무소를 찾아 트렌드를 접했습니다. 직접 매매와 매도를 하며 투자 실무를 익히기도 했습니다. 부동산 공부에도 많은 시간을 투자했습니다. 각종 부동산, 경제경영 전문서적을 탐독했고, 관련 강의도 찾아다니며 들었습니다. 부동산은 실물 경기에 민감하게 반응하고 사이클을 타는 특성이 있으니 신문도 꾸준히 읽으며 경제 상황과 세상 돌아가는 자본 논리에 대해 촉각을 곤두세웠습니다.

신혼 시절에 겪은 충격은 이렇듯 저를 월급쟁이 부동산 투자 전문가로 만들었습니다. 하지만 계속 이런 식이었다면 지금의 저는 없었을 것입니다. 제 인생의 결정적 한 방은 지금으로부터 9년 전, 한 부동산 중개사무소에서 일어났습니다.

건물 투자 비밀 노트 개정판

부동산 비즈니스를 하는 중개업자의 민낯을 경험하다

20여 년간 몸담은 회사를 정리할 시기가 다가왔습니다. 저는 건설사에서 일한 덕에 부동산 개발 사업의 매력을 알게 되었습니다. 언젠가는 직접 개발 사업의 주체가 되어 내 손으로 사업을 진행해보고 싶다는 희망을 가슴에 품고 살아왔습니다. 그러던 중 첫 스타트를 끊을 계기가 찾아왔습니다. 서울 강남구 대치사거리에 자리한 시세 39억 원의 주택이 시장에 매물로 나왔고, 저는 이 주택을 매입해 빌딩을 신축할 계획을 세웠습니다.

매매를 위해 저와 제 중개인, 집주인과 그쪽 중개인이 부동산 중개사무소에서 첫 대면을 한 날 집주인은 제게 "나는 이 집을 39억 원에 내놓은 적이 없다. 이 집을 사고 싶으면 45억 원을 내라"고 말했습니다. 집주인의 갑작스러운 말에 당황한 저는 제 중개인에게 설명을 요구했습니다. 젊은 중개업자는 쩔쩔매면서 제게 "미안하다"는 말만 반복했습니다. 사태를 파악한 저는 어차피 계약을 진행하는 것이 목적이었기에 "조율하자"라고 제안했고, 이런저런 내용이 오간 끝에 43억 원이라는 금액을 제시받았습니다. 고민 끝에 결국 계약이 결렬되었는데, 몇 달 후 그 주택이 39억 원에 매매된 것을 알게 되었습니다.

저는 말로 표현할 수 없는 황당함과 분노에 사로잡혔습니다. 나중에는 약이 올라서 어쩔 줄 모르겠더군요. 제가 알던 부동산 중개업과 중개업자의 현실, 특히 강남에서 빌딩을 거래하는 사람들의 비정상적 거래 관행을 적나라하게 목도한 기분이었습니다.

당시 저는 회사를 그만두고 해외에서 휴가 중이었는데, 이대로는 도저히 안 되겠다 싶어 귀국 후 독서실에 칩거했습니다. 이렇게 당하느니 차라리 직접 공인중개사 자격증을 따겠다는 오기가 발동해 하루 18시간씩 공인중개사 자격증 공부에 매달렸습니다. 운 좋게 바로 공인중개사 자격증을 땄고, 12월에 자격증이 나오자마자 대치동에 부동산 중개사무소를 개업했습니다.

정직하게 전문적인 부동산 비즈니스의 본보기를 보여주겠다는 일념이 저를 오늘에 이르게 한 원동력인 것 같습니다. 순식간에 제 인생은 부동산 영역으로 본격 확장되었고, 과거와 전혀 다른 이력을 지닌 인물로 거듭나게 되었습니다.

상업용 빌딩 매매 원스탑 토탈 서비스를 지향하다

저는 부동산을 공부하던 지기들과 함께 정인부동산그룹을 설립한 뒤 부동산 투자, 그중에서도 상업용 건물을 중심으로 '빌딩샵'이라는 자체 플랫폼을 개발해 운용 중입니다. 아직까지 누구도 실현하지 못한 부동산 관련 토털 서비스를 제공하는 것을 목표로, 고객이 부동산 투자에서 겪게 되는 부동산 비즈니스 전 과정을 함께하며 파트너로서 역량을 발휘하고 있습니다.

외국에서는 상업용 건물을 '부동산 업계의 꽃'이라고 합니다. 부동산 투자와 관련한 모든 노하우의 집결지이자 아무나 쉽게 뛰어들 수 없는 시장이기에 투자에 성공했을 때 맛보는 열매는 엄청나게 크고 매력적입니다. 부동산 투자자의 마지막 종착지가 빌딩인 것은 힘들고 어려운 만큼 투자 수익률이 높기 때문입니다. 하지만 그 열매를 맛보기가 쉽지 않다는 것이 문제입니다. 험난한 일이 곳곳에 도사리고 있지요. 그럴 때 이 책이 조금이나마 도움이 되길 바랍니다.

이 책은 여러분이 왜 빌딩을 사야 하는지, 어떻게 접근해야 하는지, 빌딩 매매 전반에 걸쳐 필요한 지식과 상식은 무엇인지 집중적으로 알려드립니다. 저는 이 책에서 빌딩 투자가 단순히 돈 벌어주는 마스터키라고 말하지 않습니다. 오히려 그것이 얼마나 어렵고 힘든 일인지 설명할 것입니다. 입에 발린 말로 빌딩 투자의 달콤한 면만 들이밀며 소비자의 환상을 자극하는 일도 하지 않을 것입니다. 재무, 회계, 조세, 건축, 경영 등 건물 매매와 관련한 복잡한 일도 상기시킬 것이며, 아울러 건물 신축과 리모델링, 임대와 부가가치를 높이는 건물 관리 방법에 대해서도 조언할 것입니다.

'조물주 위 건물주'라는 말도 있습니다. 그만큼 건물주 되기가 만만치 않은 일임을, 이 책을 읽은 독자라면 깨닫게 될 것입니다. 동시에, 바로 지금이 건물 투자를 하는 절호의 기회이며 향후 부의 창출이 건물을 통해 극대화될 수 있다는 사실도 알게 될 것입니다.

부디 이 책을 통해 여러분이 이루고자 하는 부의 최종 목표에 한 걸음 더 다가가기를 진심으로 기원합니다.

정인부동산그룹㈜ 대표이사

박준연

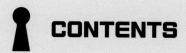 **CONTENTS**

Part 3
대한민국 건물주를 만나다

Part 4
실전 편 1 : 건물 투자, 어떻게 시작해야 할까?

Part 5
실전 편 2 : 어떤 건물에 투자해야 할까?

Part 6

스페셜 리포트 : 미래 가치 분석! 서울 유망 지역 베스트 5

Part 7

투자 수익률과 가치 모두 올리기

Part 8
건물 투자 성공의 지름길

에필로그
20년 후 부동산 중개업 생존 전략

Part 1

왜
건물일까?

지금 부동산 투자의 핵심은 절세

"죽음과 세금은 피할 수 없다(Nothing is certain but death and taxes)". 미국의 저명한 정치가 벤저민 프랭클린(Benjamin Franklin, 1706~1790)이 남긴 이 말은 세금과 관련한 가장 유명한 명언 중 하나다. 제아무리 피하려고 몸부림쳐도 언젠가 반드시 찾아오는 것이 바로 세금이다. 따라서 자본주의사회를 살아가는 투자가라면 세금 문제를 직시해야 한다.

강남에 살고 있는 A는 보유하고 있던 강북의 대형 아파트 한 채를 처분해 10억 원의 자금을 손에 쥐었다. 이 돈으로 새로운 부동산 투자처를 찾던 중 아파트 한 채가 눈에 들어왔고, 은행에서 8억 원을 대출받아 18억 원에 서울 요지의 새 아파트를 마련했다. 이후 A는 매일 웃음이 절로 나온다. 아파트 가격이 계속 상승하고 있기 때문이다.

비슷한 시기, B 역시 자본금 10억 원으로 투자할 만한 물건을 찾던 중 건물 투자를 권유받았다. 아파트도 매력적이지만, 꼬마 빌딩에 투자해 높은 수익률을 올린 지인을 보고 자극받은 그는 자기 자본금 10억 원에 은행에서 20억 원을 대출받아 낡고 허름한 꼬마 빌딩을 30억 원에 매입했다.

같은 10억 원으로 한 사람은 아파트를 사고, 다른 한 사람은 빌딩을 산 것이다. 3년이 지난 뒤 두 사람은 어떻게 되었을까? 18억 원에 매입한 A의 아파트는 28억 원이 되었다. 3년 만에 10억 원이 오른 셈이다. 꼬마 빌딩을 산 B의 건물 역시 40억 원으로 올랐다. 아파트와 건물 모두 10억 원이라는 동일한 시세 상승이 이루어졌다.

그렇다면 두 사람이 각각 보유 중인 아파트와 건물을 매각해 수익을 실현한다면 어떤 결과가 나올까? 부동산을 시세대로 판 뒤 얻은 두 사람의 수익금을 비교해보자.

대출이자는 동일하다는 전제 아래 A는 18억 원의 아파트를 28억 원에 팔아 순수익 5억 원을, 꼬마 빌딩에 투자한 B는 40억 원에 건물을 팔아 순수익 8억 원을 손에 쥐었다. 양도차익이 같은데도 두 사람이 거머쥔 최종 수익은 3억 원이나 차이가 난다.

이유는 바로 세금. 양도소득세(이하 양도세)를 비롯해 각종 세금을 제한 뒤 각각 손에 쥔 돈이 다른 것은 아파트와 건물에 매기는 세금 구조가 다르기 때문이다. 이 부분을 미처 생각지 못한 A는 결국 B보다 3억 원을 손해 본 셈이다.

이처럼 부동산으로 수익을 올리기 위해서는 반드시 세금 구조를 파악해야 한다. 세금을 제대로 알면 3억 원을 더 벌 수 있지만, 그렇지 않으면 3억 원을 손해 볼 수 있는 것이 바로 요즘 부동산 시장이다.

세금을 알아야 투자 시장이 보인다

지금 대한민국 부동산 투자는 세금과의 싸움에서 이기는 사람이 승리한다. 특히 다주택자를 향한 세금 규제가 강화되면서 부동산 투자자의 입지가 많이 좁아졌다. 극단적으로 표현하면, 부동산 투자의 수익은 절세에서 나온다고 할 수 있을 정도다.

따라서 어떤 곳에 투자해야 할지 고민이라면 세금부터 먼저 따져봐야 한다. 부동산 형태별로 세금이 얼마나 되는지 계산기를 두드려 보면 답이 보인다.

1. 주택

주택 투자는 양도세와 취등록세, 각종 보유세 등으로 세금에 대한 피로도가 상당히 높은 편이다. 특히 3주택 이상 보유한 다주택자가 조정 대상 지역의 주택을 매도할 경우 양도차익의 최대 75% 세율이 적용된다. 여기에 지방소득세까지 고려하면 최대 82.5%의 세금을 내야 한다. 만약 5억 원에 산 아파트가 15억 원으로 올랐다면, 매매할 경우 10억 원의 양도차익금에 대해 8억 2,500만 원의 양도세가 매겨지는 것이다. 결국 아파트를 팔아도 남는 돈은 1억 7,500만 원에 불과하다. 아파트 가격이 100% 올라도 실제로 순수 자본이 증가하는 폭은 20~30%밖에 되지 않는 투자 구조인 셈이다.

또 법인 자격으로 주택에 투자하는 것은 거의 불가능한 구조로 바뀌었다. 법인이 주택을 구매할 때 내야 하는 취등록세율이 큰 폭으로

건물 투자 비밀 노트 개정판

올랐으며, 종합부동산세(이하 종부세) 등을 비롯한 보유세 역시 증가했다. 임대사업자 혜택도 축소되어 다주택 법인의 절세 혜택이 대부분 사라졌으니 기존보다 늘어난 세금 비중을 감당하기 어렵다.

결국 3주택 이상 보유자는 주택을 팔 때 실익이 거의 없다. 집을 살 때는 취등록세, 집을 소유하는 동안에는 재산세와 종부세 등 보유세를 내야 한다. 주택을 팔면 엄청난 금액의 양도세까지 물어야 하니, 절세 계획을 꼼꼼히 세우지 않으면 주택을 팔아도 수익이 거의 나지 않는 구조다.

〈양도세 계산하기〉

양도세 계산 구조		과세표준	세율	누진공제
양도가액		1,400만 원 이하	6%	–
(−) 취득가액				
(−) 필요경비		5,000만 원 이하	15%	126만 원
(=) 양도차익				
(−) 장기보유특별공제		8,800만 원 이하	24%	576만 원
(=) 양도소득금액				
(−) 기본 인적공제	2,500,000원	1억 5,000만 원 이하	35%	1,544만 원
(=) 과세표준				
(×) 세율		3억 원 이하	38%	1,994만 원
(−) 누진공제				
(−) 기신고 납부금액		5억 원 이하	40%	2,594만 원
(=) 양도세액				
(+) 지방소득세(10%)		10억 원 이하	42%	3,594만 원
(=) 총부담세액		10억 원 초과	45%	6,594만 원

구분	보유기간	세율	비고
단기보유	1년 미만	70%	※ 2022. 5. 10.~2025. 5. 9.까지 양도하는 보유기간 2년 이상 주택은 기본세율 적용
	2년 미만	60%	
	2년 이상	기본세율(일반지역)	
2주택(조정지역)	기본세율+20%		
3주택(조정지역)	기본세율+30%		

2. 오피스텔

최근 시세 차익을 노리는 오피스텔 투자가 늘고 있다. 하지만 상가를 비롯한 오피스텔은 기본적으로 임대 수익을 목적으로 하는 투자 상품이다. 오피스텔은 취득세가 4.6%로 건물과 동일하며, 재산세도 마찬가지다. 규모가 작은 오피스텔이라도 세금은 덩치 큰 건물과 차이가 없다. 오피스텔은 매년 내야 하는 보유세에 취등록세까지 높아 세금 부담이 높은 편이다. 게다가 주택 수에 포함될 수 있는 만큼 주의할 필요가 있다(시가표준액 1억 원 이하 주거용 오피스텔은 주택수 불포함). 오피스텔에 사는 세입자가 전입신고를 하면 주택으로 간주되어 임대인 입장에서는 애물단지가 될 수도 있다.

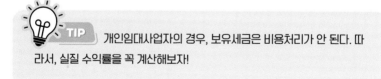

TIP 개인임대사업자의 경우, 보유세금은 비용처리가 안 된다. 따라서, 실질 수익률을 꼭 계산해보자!

3. 상가 건물

건물은 생산 활동이 일어나는 공간이다. 기업은 임대나 매매 형태로 건물을 점유해 사람들을 고용하고 이익을 창출한다. 그런데 만약 정부가 건물 관련 규제 정책을 쏟아낸다면 어떻게 될까? 세금을 높이고 자본의 흐름을 막는다면, 건물 매매나 상가 임대는 위축될 수밖에 없다. 이는 기업 활동에도 영향을 미친다. 투자가 줄어들면 고용률이 낮아지며, 결론적으로 영업과 생산 활동에도 지장을 받는다. 이 화살은 고스란히 실물경제로 향하면서 사회가 지닌 경제 탄력성이 위축되기 마련이다.

더욱이 건물을 규제했을 때 가장 큰 타격을 받는 집단은 소규모 영세 사업자다. 대부분 임대료를 내고 영업 활동을 하는데, 건물주는 늘어난 세금을 영세 사업자에게 전가할 확률이 높기 때문이다. 정부가 건물 규제 카드를 쓰지 못하는 이유다. 설사 규제를 하더라도 수위가 낮으므로 이를 피해갈 수 있는 틈새가 존재한다.

 TIP 법인 투자자는 주택 부분 중과세를 꼭 염두해두고 투자를 검토하자!

상가 건물 절세 노하우

1. 무주택자

실거주 상가 주택이 절대 유리

무주택자라면 실제로 거주할 수 있는 상가 주택을 구입하는 것이 절세 면에서 절대적으로 유리하다. 정부는 1가구 1주택 소유자가 일정 기간 해당 주택에 거주하면 양도세를 낼 때 장기보유특별공제 혜택을 준다. 각자 거주 조건에 따라 다르지만, 상가 주택을 팔 때는 최고 80%까지 양도세를 공제받을 수 있다.

5층짜리 꼬마 빌딩을 50억 원에 구입해 1·2층은 상가로 분양하고 3·4·5층은 주거 공간으로 사용하는 경우를 보자. 건물주는 3·4·5층 중 한 층에 주거 공간을 마련해 거주하다 기간이 어느 정도 지난 뒤 시세 차익을 거두기 위해 건물을 팔기로 한다. 이때 주거 공간으로 사용한 3·4·5층 면적이 건물 전체에서 60%를 넘으면 1주택자 장기보유특별공제를 받을 수 있다. 1·2층이 상가 공간이라도 면적이 더 큰 부분을 주택으로 사용했기 때문에 주택으로 간주하는 것이다. 1주택자 장기보유특별공제는 양도세를 최대 80%까지 면제받을 수 있는 귀한

> 💡 **TIP** 2022년 세법개정을 통해 12억 원을 초과하는 고가 주택인 경우 상가주택은 주택과 상가면적 비율로 구분해 장기보유특별공제(80~30%)를 받는다.

건물 투자 비밀 노트 개정판

절세 카드다. 장기보유특별공제 혜택을 최대한 누릴 경우 시세가 100억 원이라면 양도차익 50억 원에 대한 80%인 40억 원까지 세금을 면제받는다.

〈장기보유특별공제율〉

보유 기간		3~4년	4~5년	5~6년	6~7년	7~8년	8~9년	9~10년	10년 이상
1주택	합계	24%	32%	40%	48%	56%	64%	72%	80%
	보유	12%	16%	20%	24%	28%	32%	36%	40%
	거주	12%	16%	20%	24%	28%	32%	36%	40%
다주택		6%	8%	10%	12%	14%	16%	18%	20~30%

※ 1세대 1주택자(실거래가 12억 원 초과)에 한함. 다주택자는 기존과 동일하게 15년 이상 보유 시 최대 30% 공제 가능 조정 대상 지역 내 다주택자는 장기보유특별공제 혜택 없음.

파는 사람은 상가 주택, 사는 사람은 근생 건물

반대로 처음부터 주택이 아닌 근생 건물로 매각한다고 해보자. 근생 건물은 장기보유특별공제 혜택을 30%까지만 받을 수 있다. 이렇게 되면 양도차익 50억 원의 30%인 15억 원까지만 공제받고 나머지 35억 원은 과세 대상이다. 매각 시점의 건물 용도에 따라 수익금 차이가 최소 25억 원 발생한다면 어떻게 해서든 절세하려고 안간힘을 쓸 것이다.

안타깝게도 2021년 이후에 점유 면적 대비 주택으로 인정하는 법률이 사라졌다. 상가 주택 건물주가 이 사실을 알고 있었다면 미리 건물 매각 절차를 밟았을 것이다. 하지만 매각 시기를 놓쳤다고 해도 실망할 필요는 없다. 상가 점유 부분과 주택 점유 부분을 구분한 뒤 주택으로 공제받을 수 있는 부분을 찾아내 1주택자 장기보유특별공제를 받으면 된다.

이때 중요한 점은, 파는 사람은 주택으로 간주받아야 장기보유특별공제 혜택을 받을 수 있다는 것이다. 반대로, 사는 사람은 주택으로 매입할 경우 다주택자에 해당하는 취등록세를 물어야 하므로 근생 건물로 매매가 이루어져야 한다. 따라서 계약서 작성 시점에는 주택으로, 잔금을 치르는 시점에는 근생 건물로 용도를 변경해야 절세 혜택을 누릴 수 있다. 이 조건이 충족되기 위해서는 부동산 매매계약을 진행할 때 '멸실 또는 용도 변경' 특약을 통해 약정해야 한다.

결국 건물을 파는 사람은 매매계약일을 기준으로 주택으로 적용받아 장기보유특별공제를 통해 양도세를 절감할 수 있고, 사는 사람은 원래 취득 시점인 잔금 지급일에 변경된 근린 생활 시설로 적용받아 취득세 중과 대상이 되지 않는다.

> **TIP** 2024년 현재, 다가구, 다세대(겸용 주택 포함) 주택은 잔금일 기준으로 용도를 판단해서 세금이 부과되는 판례가 나오면서 양도세 이슈가 다시 불거졌다. 매각 전에 세무사 상담을 받아 양도세 부분을 꼭 확인하자.

〈상가 주택 vs 올 근린 빌딩 매매〉

상가 주택 매매 시 양도세(원)		
매입가	7,000,000,000	상가 40%, 주택 60%
취등록세	267,400,000	
법무비, 중개 수수료	70,000,000	
실제 총투자금	7,337,400,000	
2년 후 매도 시		
매도가	10,000,000,000	
주택 부분 양도세	587,400,000	대략적 필요 경비 포함
상가 부분 양도세	426,770,000	
총양도세	1,014,170,000	
매매 차익	1,985,830,000	
10년 후 매도 시		
매도가	15,000,000,000	
주택 부분 양도세	339,000,000	
상가 부분 양도세	1,090,000,000	
총양도세	1,429,000,000	
매매 차익	6,571,000,000	

올 근린 빌딩 매매 시 양도세(원)	
매입가	7,000,000,000
취등록세	322,000,000
법무비, 중개 수수료	70,000,000
실제 총투자금	7,392,000,000
2년 후 매도 시	
매도가	10,000,000,000
매매 차익	1,247,000,000
10년 후 매도 시	
매도가	15,000,000,000
총양도세	2,908,000,000
매매 차익	5,092,000,000

2. 주택 소유자 & 경제활동으로 소득이 있는 투자자

법인 건물 투자의 장점을 누릴 수 있다

사실 앞에서 예를 든 무주택자의 상가 건물 투자는 지극히 예외적인 상황이다. 부동산에 뛰어든 대부분의 투자자는 이미 주택 소유자일 확률이 높다. 그렇다면 "이미 주택을 소유한 상황에서 어떻게 건물 투자를 해야 절세에 유리할까?"라는 질문이 이어질 것이다.

법인으로 아파트에 투자하기는 어렵지만, 건물은 가능하다. 아직까지는 법적으로 법인의 건물 투자가 허용되고 있다. 몸집이 큰 빌딩일수록 기업이 보유한 경우가 많으므로 향후에도 법인의 건물 투자를 규제할 가능성은 그리 높아 보이지 않는다. 따라서 다주택자 자격으로 건물 매매에 뛰어든다면 법인 투자로 방향 전환을 고려해야 한다.

물론 법인으로 건물에 투자할 경우 단점도 있다. 법인(法人)은 법률상 권리 능력을 행사하는 주체인 만큼 권리가 있으니 당연히 의무가 따른다. 법인 등록에 요구되는 다양한 조건을 갖춰야 하며, 회계 기장은 필수다. 게다가 법인은 장기보유특별공제 혜택이 없다.

이처럼 회사를 운영하는 수준의 관리가 필요하지만, 많은 투자자가 법인으로 건물을 구매하고 있다. 그만큼 누릴 수 있는 장점이 많기 때문이다. 우선 비용 처리 부분이다. 건물에 들어가는 각종 관리 비용, 수리 비용, 영업 비용 등을 회계 처리할 수 있다. 무엇보다 재산세 등을 비롯한 보유세 등의 부동산 관련 세금이 비용 처리되는데, 이는 곧 절세를 의미한다. 건물 매매 후 투자 손익을 내보면 절세가 수익에서 많은 부분을 차지한다는 사실을 알게 될 것이다.

이보다 더 중요한 것은 양도세다. 건물은 양도세 절감 효과가 크다. 다주택자인 개인의 경우 장기보유특별공제 혜택을 받을 수 없어 최대 82.5%의 양도세 과세 대상이지만 법인은 200억 원 이하인 경우 19%의 법인세만 내면 된다(2025. 1. 1. 이후 개시하는 사업연도분부터 적용). 물론 이런 장점에도 불구하고 법인 대신 개인 다주택자 자격으로 건물에 투자하기도 한다. 법인에 부과되는 의무가 부담스럽기 때문이다. 다주택자 개인으로 투자할 경우 5억 원 이상의 양도차익금이 발생하면 42%의 양도세를 내야 한다.

〈개인 vs 법인, 건물 투자 세금〉

비교 사항			개인	법인
세금	취득 시		취득세 4.6%	취득세 4.6%(중과세 : 과밀 억제 구역 5년 미만 법인 취득 시)
	보유 시	보유세	재산세 & 종부세	재산세 & 종부세 동일 적용
		소득세 (임대소득)	종합소득세	법인세(비과세 · 분리과세 없음, 배당 시 추가 소득세 검토)
	양도 시		양도세 (장기보유특별공제 적용)	법인세(200억 원 이하 19%, 장기보유특별공제 해당 없음)
대출	대출 가능 여부/한도		개인 신용도에 따라 상이	3년 차 재무제표 필요(RTI 미적용)

※ 법인 양도세는 2025. 1. 1. 이후 개시하는 사업연도분부터 적용. 성실신고확인대상 소규모 법인에 해당

법인으로 건물 취득 시 이것만 주의하자

법인이 건물을 구매할 때는 몇 가지 조건이 따른다. 과밀억제권역 내 건물을 매입하려면 5년 이상 된 법인이어야 하며, 토지거래허가구

역 내에서는 그 건물에 들어가 법인 활동을 해야 한다. 건물을 산 뒤 임대만 놓을 생각이라면 토지거래허가구역 내 건물은 매입이 불가능하다. 만약 법인 설립 후 5년 안에 대도시에서 부동산을 취득하면 취득세 중과 부과 대상이 될 수 있다. 토지거래허가구역에서는 법인이 임대사업을 목적으로 건물을 매입 시 취득세 중과를 확인해야 한다. 국토교통부와 국세청의 기준법이 달라 이런 복잡한 일이 생기는데, 문제는 이런 다양한 부동산 관련 법이 자주 바뀐다는 데 있다. 관련 전문가가 아닌 일반인이 이런 내용을 미리 파악하고 절세 효과를 누리기란 쉽지 않다. 그래서 믿을 만한 전문가 파트너를 만나 건물을 사기 전부터 미리 절세 플랜을 짜고 접근해야 한다. 건물 가격은 보통 수십, 수백억 원이다. 자칫 세금으로 1억~2억 원을 순식간에 날릴 수 있다. 또 건물마다 절세 방법이 조건에 따라 다양하다. 하지만 절세 포인트를 잘 잡으면 수십억 원을 절약할 수 있는 것이 바로 건물 투자다.

> **TIP** "법인 자금 사용이 어려워요"라는 질문을 자주 받는다. 어려운 것이 아니고, 사용해본 경험이 없어서 어떻게 사용하는지 내용을 모두 이해하지 못하는 건 아닐까? "알고 나면 쉽다."

대출 규제라는 강을
손쉽게 건너는 방법

부동산 대출은 정부 정책과 밀접하게 연관되어 있다. 부동산 경기가 너무 과열되거나 부동산 시장을 압박해야 할 때 정부는 대출 규제 카드를 꺼낸다. 최근 부동산 가격이 폭등하자 정부는 다양한 대출 규제 정책을 발표했다. 주택 투기 수요를 막기 위해 이중, 삼중으로 대출을 규제하는 것은 물론 내용도 자주 바뀌고 있다. 대출받아 부동산에 투자하는 시대는 끝났다는 말이 나올 정도다.

2001~2008년은 비교적 대출이 쉬운 시기였다. 그러다 2008년 글로벌 금융 위기가 터지면서 DTI(Debt To Income, 총부채상환 비율)와 LTV(Loan To Value ratio, 주택담보대출 비율) 규제가 등장했다. 이러한 규제 정책에도 불구하고 2015년까지는 틈새를 잘 활용하면 주택 가격의 80~90%까지 대출이 가능했다.

현재 상황은 어떨까? 주택을 한 채라도 소유하고 있으면 또 다른 주택 매입 시 대출받기가 거의 불가능하다. 주택대출규제만 강화된 것이 아니다. 2021년 7월 이후에는 토지, 상가, 오피스텔, 건물 등 비주거용 부동산 담보대출을 받을 때 주택과 마찬가지로 LTV를 적용하며, 대출 한도를 시가의 최대 70%까지 제한하고 있다. 토지거래허가구역에서 개인이 건물을 구입할 때는 LTV를 40%로 묶었다. 이렇듯 개인이 건물을 구입할 때에도 LTV 규제를 받으므로 레버리지를 많이 일으키기 때문에 건물을 사는 것이 쉽지 않다.

하지만 이런 강력한 대출 규제 정책에서도 개인이 아닌 법인이 건물을 살 때는 대출 규제에서 자유로운 편이다. 앞서 말했듯, 법인에 대한 규제 정책은 함부로 꺼낼 수 있는 카드가 아니다. 사업을 하다 보면 영업이 잘될 때도 안 될 때도 있는데, 사업 환경이 좋지 않을 때 정부 규제로 대출을 받지 못하면 사업이 망할 수도 있기 때문이다. 이런 이유로 정부는 법인 대출 규제를 함부로 시행할 수 없다.

현재 법인이 건물에 투자할 때는 70~80%까지 담보 인정 비율을 적용받는다. 대출 비율이 조금씩 낮아지는 추세라 해도 70% 정도는 받을 수 있다. 이를 사례에 적용해보면 시세가 100억 원인 건물을 살 때 70억 원까지는 은행에서 빌릴 수 있다는 이야기다. 상황에 따라 건물 리모델링에 필요한 공사비도 따로 대출받을 수 있다. 투자자 입장에서 보면 건물 투자를 하지 않는 것이 오히려 이상할 정도다.

잠자고 있는 매력적인 담보를 활용하라

건물 투자를 할 때 매력적인 요소 중 하나는 소유 중인 주택, 특히 아파트를 담보로 대출을 받을 수 있다는 점이다. 사람들은 대부분 주택이라는 자산을 제대로 활용하지 못한다. 시세가 30억 원인 아파트에 살고 있으면 그만큼 돈을 깔고 앉아 있는 셈이다. 만약 20억 원에 전세를 주었다면 나머지 10억 원은 자산 활용도 면에서 '그냥 내버려둔' 것과 마찬가지다.

즉 주택 자체는 수익이 발생하지 않는 구조다. 물론 월세를 받기도 하지만, 그 정도는 은행 예금이나 펀드에 투자하면 어렵지 않게 수익을 낼 수 있다. 또 월세는 전세 시세에 비례해 받는 돈인데, 전세보증금을 제외한 나머지 금액에서는 자본 수익이 전혀 발생하지 않는다.

예를 들어, 시세가 30억 원인 건물과 30억 원인 아파트가 있다고 치자. 건물은 임대 수익이 시세를 결정한다. 30억 원 건물이면 임대 수익률 3%를 적용했을 때 700만~800만 원의 임대 수익을 올려야 한다는 것이 시장의 판단이다. 이때 총자산인 30억 원이 임대 수익률 계산에 전부 활용되는 구조다.

반면 30억 원의 아파트는 보통 전세 시세가 20억 원쯤 하므로, 이를 월세로 계산하면 400만 원 남짓이다. 아파트는 30억 원이 아닌, 전세보증금 20억 원이 임대 수익 계산에 활용된다. 전세보증금 20억 원을 제외한 나머지 10억 원은 자산 활용에 쓰이지 못하니 잠자는 돈인 것이다. 만약 10억 원을 현금으로 갖고 있다면 그 사람은 어떻게 해서든 돈을 굴려 수익을 올리기 위해 애쓸 텐데 말이다.

이처럼 자산 활용 측면에서 보면 아파트와 건물은 전혀 다른 투자 상품이다. 그럼에도 사람들이 아파트를 선호하는 이유는 시세 차익에 대한 기대감 때문이다. 아파트값이 꾸준히 우상향하면 되팔 때 얻게 될 시세 차익금이 상당한 만큼 아파트를 갖고만 있어도 손해 보지 않는다고 생각한다. 아직까지는 아파트의 자산 활용도에 대한 인식이 낮은 것이다.

그런데 아파트를 담보로 제공한다면 이야기가 달라진다. 건물을 매입할 때 아파트를 담보로 제공하면 어렵지 않게 대출받을 수 있기 때문이다. 법인 건물 매입 시 주택을 담보로 대출을 받을 때는 은행에서 기존 차입금을 제외한 금액을 바탕으로 대출해주므로, 위의 사례처럼 30억 원 아파트라면 전세 20억 원을 제외한 10억 원 부분에 대해 대출 가능 비율을 따진다. 가만히 두면 잠자고 있을 10억 원이 담보로 활용되어 자산 증식에 기여할 수 있다.

신용 대출도 비교적 자유로운 건물 투자

건물 투자와 관련해 대출을 받을 때는 자산뿐 아니라 신용도도 활용할 수 있다. 대표이사의 경력, 유명세, 직업 등에 따라 신용 대출 등급이 올라가는 만큼 대출 금액도 늘어난다. 일반적으로 신용 1등급의 평범한 월급쟁이가 개인 사정으로 은행에서 신용 대출을 받으려면 얼마까지 가능할까? 긍정적으로 검토해도 1억 원 이상 대출받기는 어렵다. 하지만 동일인이 건물을 구입한다고 가정하면 8억~10억 원까지도 대출이 가능하다. 신용 등급이 높은 의사나 변호사·회계사 등 전문직 종사자일수록, 또 경력이 많을수록 대출은 더 용이하다.

사례를 들어 살펴보자. 직업이 변호사인 40대 클라이언트가 세를 주던 강남의 고급 아파트 두 채를 담보로 넣었다. 믿을 만한 직업에 강남의 고가 아파트 두 채, 그리고 매입하려는 건물이 강남의 알짜배기 땅에 있으니 은행 대출을 받는 데 전혀 무리가 없다. 결국 이 투자자는 시세 250억 원 건물을 매입하면서 잔금 대출 230억 원, 공사비 50억 원을 대출받았다. 현금 한 푼 들이지 않고 오로지 대출로만 건물을 산 것이다. 심지어 건물 시세보다 훨씬 많은 돈을 대출받았으니 남은 30억 원은 개인 자산으로 활용할 수 있다.

은행에서는 대출받을 사람을 다방면으로 따져보고 '이 사람에게 얼마를 내줄지'를 판단한다. 갚을 여력이 충분하면 낮은 금리에 큰돈을 대출해준다. 물론 건물을 살 때 해당되는 이야기며, 이런 대출 과정을 밟을 때는 좋은 중개 파트너를 만나는 것이 중요하다. 대출 책임자에게 정확한 정보를 전달하고 유리한 점을 어필해서 보다 좋은 이자율로 더 많은 대출을 받을 수 있도록 중재해주기 때문이다.

월세 1,500만 원 내던 피부과 원장, 100억 원대 건물주 되다!

서울 강남에서 피부과를 운영하는 A 원장. 그는 신사동에 자리한 건물 세입자로 월 1,500만 원의 임대료를 내며 병원을 운영하고 있었다. 매달 내야 하는 건물 관리비를 제외하면 임대료 1,500만 원은 은행 금리로 약 60억 원에 해당되는 건물을 사용하는 셈이다.

A 원장은 주변 지인들이 빌딩 투자로 짭짤한 수익을 올리는 것을 보고 빌딩을 매입하려고 계획을 세웠다. 현재 내고 있는 1,500만 원의 임대료에 1,000만 원을 더해 매달 2,500만 원(임대 수익률 3% 가정 시)의 임대 수익금이 나오는 건물을 구매하기로 마음먹은 것이다. 월 2,500만 원의 임대료가 나오려면 100억 원 상당의 건물을 매입하면 된다.

현재 A 원장이 가용할 수 있는 자금은 약 30억 원. 나머지 70억 원은 은행 대출을 이용하기로 했다. 대출은 무리 없이 진행되었고, 강남 요지에 100억 원 상당의 건물을 매입할 수 있었다.

그중 60억 원에 해당하는 면적을 직접 사용하고, 나머지 40억 원의 면적을 임대로 내놓아 월 1,000만 원의 임대 수익을 거둘 수 있었다. 기존에 내던 월 임대료 1,500만 원에, 현재 매입한 건물에서 발생하는 월세 수익금 1,000만 원을 더하면 약 2,500만 원의 임대 수익금이 발생하는 구조였다. 결국 은행 이자 1,800만 원을 제외하고 A 원장은 순수하게 월 700만 원을 더 벌고 있는 셈이다.

매달 1,500만 원의 임대료를 내고 남의 건물에서 일하는 것보다 은행 대출을 받아 자기 이름의 건물도 소유하고 임대료 수익도 올릴 수 있으니 짭짤한 투자가 아닐 수 없다. 또 이 건물을 매각하면 7~10% 이상의 시세 차익을 기대할 수 있다. 월 임대료 수익 외 건물 가격 상승분이라는 수익금이 있으니 건물주로서는 두 마리 토끼를 모두 잡은 셈이다.

레버리지를
두려워할 필요 없다

대출에 관해서는 의견이 다양하다. 남의 돈을 빌려 쓰는 만큼 대출을 최소한으로 가져가려는 사람이 있는가 하면, 최대한도의 대출을 받아 자본 수익률을 극대화하려는 사람도 있다. 전자가 안전한 투자 성향이라면, 후자는 공격적인 투자 성향이라고 할 수 있다. 핵심은 투자 수익률을 최대한 높이는 것이다. 레버리지 투자도 그 방법 중 하나다.

레버리지(Leverage, 지렛대)는 자산이 부족한 사람뿐 아니라 자산을 늘리고 싶은 사람이 사용할 수 있는 가장 효과적인 방법이다. 특히 단기간에 자산을 일구는 데 요긴하게 쓸 수 있다. 레버리지라는 단어의 의미처럼, 돌(자산 증식)을 들어 올릴 수 없을 때는 지렛대(차입금)를 이용하는 방법이라고 생각하면 이해하기 쉽다.

실례를 통해 레버리지 투자의 장점을 살펴보자. 종잣돈 10억 원을 보유한 사람이 레버리지를 활용해 각각 50억 원, 100억 원의 건물을 매입해 20%의 시세 상승을 누리고 처분할 경우 수익률이 어떻게 차이가 날까? 은행 대출이자는 임대료를 받아 충당하는 것으로 가정한다.

〈(종잣돈 10억 원 투자 시) 50억 원 건물 vs 100억 원 건물〉

구분	50억 원 건물	100억 원 건물
자기자본금	10억 원	10억 원
차입금	40억 원	90억 원
레버리지 비율	400%	900%
건물 가격 상승률	20%	20%
매도 가격	60억 원	120억 원
매매 수익금	10억 원	20억 원
자본금 대비 수익률	100%	200%

TIP 대출 비율이 높으면 리스크도 커질수 있다. 하지만 건물은 비쌀수록 좋은 입지의 가치가 높은 빌딩이다. 그래서 리스크가 오히려 낮을 수 있다는 역발상이 필요하다.

대출을 적게 받기 위해 종잣돈 10억 원에 대출금 40억 원으로 시세 50억 원짜리 건물을 매입했다고 상정하자. 건물 가격이 20% 상승하면 60억 원에 건물을 되팔 수 있다. 이때 발생하는 매매 차익금은 10억 원이다. 자기 돈 10억 원을 투자해 10억 원을 벌었으니 순수 자본 수익률은 100%다. 수익금 10억 원이 온전히 자산으로 이동했으니 종잣돈은 20억 원으로 불어난 셈이다.

이번에는 10억 원의 종잣돈과 대출받은 90억 원으로 시세 100억 원 건물을 매입한 경우다. 건물 가격이 20% 상승하면 120억 원에 팔 수 있다. 이때 발생하는 매매 차익금은 20억 원이다. 종잣돈 10억 원을 투자해 20억 원을 벌었으니 순수 자본 수익률은 200%다. 수익금 20억 원이 온전히 내 자산으로 이동했으니 종잣돈은 30억 원으로 불어난 것이다. 똑같은 종잣돈이라도 레버리지에 따라 수익률이 크게 달라지기에 투자자 입장에서는 레버리지를 최대한 활용하려는 경향이 있다.

레버리지는 감당할 수 있는 선에서 이용한다

투자자가 레버리지를 활용할 때 잊지 말아야 할 것은 '과연 내가 얼마까지 감당할 수 있을까?'를 가정하는 것이다. 무턱대고 '빌릴 수 있는 한 최대 금액!'을 고집하다가는 애써 일군 소중한 종잣돈을 날릴 수 있다. 대출금의 이자 비용을 꼼꼼히 따져봐야 하는 이유다.

40억 원을 빌릴 경우 연이율 2.5%로 계산하면 은행 이자가 월 833만 원이다. 50억 원 건물의 임대 수익률을 4%로 계산하면 월 1,666만 원의 임대 수익이 발생한다. 공실률 30%를 예상해도 은행 이자를 감당하는 데 큰 무리는 없다. 90억 원을 빌려 100억 원 건물을 매입할 경우 연이율 2.5%를 적용하면 한 달 이자로 1875만 원을 내야 한다. 건물 임대 수익률을 4%로 가정하면 월 3,333만 원의 임대

건물 투자 비밀 노트 개정판

수익이 발생한다. 역시 30% 공실률이 발생해도 충분히 은행 이자를 감당할 수 있다.

그러나 중요한 것은 모든 건물에서 임대 수익 4%가 나오지 않는다는 점이다. 일례로 강남에 자리한 100억 원 건물의 월 임대 수익은 1,800만 원 내외다. 임대 수익률이 2%에 불과한데, 이유는 비싼 땅값에 있다. 강남 지역의 땅값은 평균 1억~1억 5,000만 원 선이다. 시세 100억 원의 건물이라 해도 100평 남짓한 땅에 올린 건물이니 연면적이 작을 수밖에 없다. 임대료는 연면적에 대비해 거둘 수 있는 수익인데, 면적이 워낙 작으니 임대 수익도 줄어들게 된다. 만약 강남의 시세 100억 원 건물을 구입한다고 가정하면 레버리지는 최대 60억~70억 원 정도 쓰는 것이 합리적이다.

건물의 위치나 조건에 따라 임대 수익률 차이가 커지므로, 레버리지를 사용할 때는 사려는 건물의 조건을 먼저 따져보는 것이 순서다. 앞에서 알 수 있듯이, 건물 가격이 똑같다고 해도 월 임대료는 차이가 날 수 있다.

빚도 자산이다!
생각의 전환 : 사업자 마인드를 장착하자

투자를 두려워하는 이들은 대부분 '빚은 나쁜 것' 또는 '빚내서 투자하다가는 패가망신할 수 있다'고 생각한다. 물론 금리가 폭등하거나 경제 상황이 최악으로 치달으면 빚만 잔뜩 남긴 채 실패할 수도 있다. 하지만 지금은 예전처럼 금리가 수십 퍼센트까지 오르는 시대가 아니다.

현명한 투자자라면 레버리지를 두려워하는 대신, 날카로운 시선으로 경제 상황을 예의 주시하며 리스크를 컨트롤해야 한다.

특히 기업이나 법인 건물주는 은행 대출 시 유리한 입장이다. 대기업은 저렴한 이자로 은행 돈을 쓸 수 있고, 소규모 법인도 신용도와 예상 수익에 따라 일반 소비자보다 유리한 위치에서 낮은 금리로 돈을 빌릴 수 있다. 월급쟁이가 연봉의 여덟 배에 달하는 금액을 대출받아 건물을 사는 경우도 있다. 은행 입장에서도 매달 임대 수익이 나오는 만큼 건물주는 은행의 예비 우량 고객이다. 그래서 금리도 우대해주고 대출 액수도 높여주는 것이다.

최근에는 정부 정책으로 대출이 어려워진 것이 사실이다. 하지만 이런 때일수록 대출을 받아 자본적 우위를 점하는 것이 중요하다. 시장 상황은 누구에게나 똑같이 적용되므로, 힘들게 대출받은 만큼 더 유리한 투자 결과를 얻을 수 있다. 결론적으로 말하면, 법인 자격으로 건물을 매입함으로써 레버리지를 최대한 효과적으로 활용하겠다는 자세가 필요하다.

건물 투자,
지금이 적기다

현금 통화량이 계속 증가하고, 물가가 오를수록 자산의 가치는 계속 오를 수밖에 없다. 부동산 투자 시점에 대해서는 항상 의견이 분분하다. 지금이 부동산 투자 적기라는 말과 이제 곧 하락한다는 경고가 동시에 나올 때도 많다. 중요한 것은 앞을 내다보는 투자자의 자세다. 건물은 주택에 비해 현재 시점 투자 우위를 지닌 몇 안 되는 투자처다. 2024년까지도 건물 거래량은 줄어들었지만, 건물 가격 하락은 없다.

건물 투자는 부동산 자산가가 마지막으로 가닿는 최후의 승부처다. 아파트에 비해 어렵고 힘든 데다 접근하기도 쉽지 않지만, 투자에 성공하면 그에 따르는 수익과 보상은 상상 이상으로 달다. 드물지만 한 번의 매매로 수천억 원의 투자 수익을 거두는 경우도 있다. 이런 다양한 이유로 인해 상업용 건물은 '부동산 투자의 꽃'으로 불린다.

건물을 구성하는 요소를 떠올려보자. 주거 공간, 상업 공간, 오피스 공간, 호텔 공간 등 다양한 목적의 공간이 한 건물에 모여 있다. 부동산과 관련한 모든 개념이 건물 하나에 모여 있기에 임대인이라면 각각의 기능에 따른 공간의 역할을 이해해야 하며, 건물 매입과 관리에 따르는 일반적 재무·세무·회계·법규·관리·경영 등에 대해서도 알아야 한다. 토지 가격을 어떻게 산정하는지도 파악해야 한다. 건물 가격은 토지 가치를 기반으로 평가가 시작되기 때문이다.

건물은 정부의 부동산 정책, 도시 개발 계획, 각종 지구 단위까지 밀접하게 연관되어 있는 것은 물론 경제 상황이나 사회 현상과도 맞물려 돌아간다. 대부분의 부동산 투자가 경기 흐름의 영향을 받지만, 건물은 투자 규모가 크기 때문에 훨씬 더 민감하게 반응한다. 팬데믹 같은 예측 불가한 상황이 벌어지면 건물 투자가 위축된다. 아파트는 경제적 상황이 여의치 않으면 투자자가 직접 들어가 살면 되지만, 건물은 쉽지 않다. 그래서 건물은 가장 어렵고 복잡한 부동산 투자 상품 중 하나다.

그렇다면 사람들은 왜 가장 어려운 부동산 투자인 건물에 관심을 갖는 걸까? 몇 가지 이유가 있다. 우선 아파트 투자에 대한 매력이 줄고 있다. 앞서 말한 것처럼 정부가 아파트 규제 정책을 강화하면서 다주택자의 신규 주택 취득과 소유, 매매가 힘들어진 것이다. 그동안 막대한 투자가 이루어지던 아파트 투자 시장이 급격히 위축되면서 시장에 떠돌던 투자 자본이 새로운 투자처를 찾아 움직이고 있다.

몇 년 전부터 생기기 시작한 '꼬마 빌딩' 투자 트렌드도 있다. 비교적 적은 투자금으로 매입이 가능하다고 알려지면서 정보가 늘어났고, 때맞춰 부동산 전문 파워 블로거나 유튜버들이 꼬마 빌딩 투자를 콘

텐츠로 내세우며 화제를 불러 모았다. 꼬마 빌딩은 주거와 상업 기능이 합쳐진 빌딩 투자다. 계획만 잘 세우면 일반 투자자도 접근이 가능해 부동산 투자 시대의 대세로 떠올랐다. 그리고 지금은 꼬마 빌딩을 포함해 일반 상업용 건물로 그 열기가 확산되고 있다.

대한민국 부동산 가격이 높아지면서 투자 여력이 그만큼 상승한 것도 영향을 미쳤다. 다시 말해, 투자 금액이 커졌다는 뜻이다. 예전에는 강남의 고가 아파트 한 채가 10억 원 정도 했지만, 지금은 30억 원 수준으로 급등한 만큼 강남 요지의 아파트 한 채만 팔아도 작은 건물을 매입할 수 있다. 자연스럽게 건물과 관련한 부동산 시장이 블루오션으로 떠올랐다.

상업용 건물 투자는 이제 시작이다

주택과 비교하면 상업용 건물은 아직도 가야 할 길이 멀다. 국민소득이 1만 달러일 때 고가 주택 가격은 10억 원 언저리였다. 국민소득 3만 달러 시대인 지금은 30억 원 이상 되어야 고가 주택이라고 말할 수 있다. 땅값도 그만큼 많이 올랐다. 현재 강남 요지의 30평형 아파트 가격은 30억 원을 넘어섰다. 단순히 계산하면 연면적 대비 평당 1억 원이다. 아파트 가격이 오르는 동안 상업용 건물도 비슷한 수준으로 올랐느냐 하면, 그렇지 않다.

2021년 상반기에는 역삼역 주변의 한 빌딩이 1,670억 원에 매매

돼 화제가 되었다. 준공한 지 20년 된 노후 건물임에도 연면적 기준 평(3.3㎡)당 3,300만 원을 형성한 것이다. 이 거래를 통해 아파트의 평당 1억 원 선과 비교해 강남 상업용 건물 가격이 주택 가격의 30% 남짓하다는 것을 알 수 있다. 강남뿐 아니라 여의도 등 상업 건물이 즐비한 강북 도심도 마찬가지다. 제아무리 비싸다고 해도 평당 3,200만 원 선이면 접근이 가능하다.

부동산 투자를 잘 못하는 사람들의 특징은 '지금이 가장 비싸다'고 생각하는 것이다. 시간이 흐를수록 물가는 오르고, 화폐가치는 하락한다. 게다가 팬데믹으로 전 세계에 유동성이 넘쳐나고 있다. 이런 구조적 흐름을 고려할 때 상업용 부동산은 '지금이 가장 싸다'.

TIP 건설산업 원가는 구조적으로 평균 물가 상승률보다 높은 원가 상승율을 보이는 경향이 있다. 원가는 더 많이 오를 것이다.

건물 투자 비밀 노트 개정판

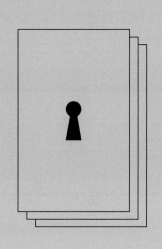

Part 2

건물에
투자하기 전
알아야 할 것

01

달라진 투자 환경

투자 환경은 그 나라의 경제 상황과 맞물려 돌아간다. 2021년 7월, 유엔무역개발회의 (UNCTAD)는 한국을 개발도상국에서 선진국으로 격상시켰다. 이는 공식적으로 한국이 선진국이 되었다는 의미다. 대한민국 국내총생산(GDP)은 2021년 현재 1조 6,000억 달러를 상회하며, 이는 캐나다와 이탈리아를 앞서는 수치다. 이에 따라 투자 환경도 달라지고 있다.

선진국의 특징 중 하나가 연평균 경제성장률이 1~2%라는 점이다. 이처럼 선진국의 경제성장률이 낮은 이유는 한 나라의 경제가 성장해 안정적 궤도에 이르면 생산 요소의 증가 속도와 효과에 한계가 나타나기 때문이다. 예를 들어, 공장에서 가내수공업으로 물건을 생산하다 기계 설비를 들이면 생산성이 크게 높아진다. 하지만 새로운 로봇 설비를 들인다고 해서 생산성이 높아지는 것은 아니다. 이처럼 설비 투자가 일정 수준 이상 오르면 생산성 증가에는 한계가 있다. 간단히 설명했지만, 선진국 경제 구조는 서비스업을 비롯해 고효율 생산 구조를 갖추었기에 상승세가 완만할 수밖에 없다.

경제성장률이 낮으면 금리도 낮게 책정된다. 기업이 경제활동을 통해 연평균 2%의 성장률을 기록하는데, 금리가 3%라면 어떻게 될까? 1년 동안 벌어들인 것보다 더 많은 돈을 은행 이자로 내야 한다. 결국 기업은 물건을 팔수록 손해를 보는 셈이다. 따라서 은행 금리가 경제성장률보다 높으면 그 나라는 마이너스 성장을 기록한다.

한 나라의 경제성장률보다 은행 금리가 높을 수 없다는 구조를 이해하면 금리 인상의 의미도 알 수 있다. 우리나라가 선진국에 진입했다는 것은 저금리 기조가 본격화되었다는 뜻이기도 하다. 2021년 우리나라 경제성장률은 2.5% 정도 기록했다. 그렇다면 한국은행이 기

〈한국 경제성장률과 기준금리 추이〉

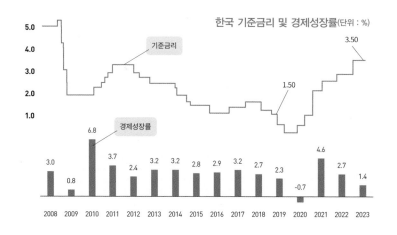

출처 : 한국은행

준 금리를 높인다 해도 연평균 경제성장률 이상으로 높일 수 없다는 합리적 추론이 가능하다. 시장의 대출 금리는 보통 한국은행 기준 금리에 1.5~1.8%를 더해 책정된다. 한국은행 기준 금리가 2%대로 인상되더라도 시중의 담보대출 금리는 4~5% 남짓으로 예상된다.

물론 코로나19 이후 불안한 금융시장과 국내 금리 변동성이 커지면서 투자자도 불안 심리가 작용할 수 있다. 하지만 현재 우리나라 경제 상황은 10여 년 전과 많이 다르다. 경제 규모는 물론 체질도 변했다. 한국은 OECD 10위권 안에 든 경제 대국으로, 사상 최대 무역 흑자를 이어가며 선진국의 면모를 갖춰나가고 있다.

2008년 서브프라임 모기지 사태가 일어나기 전만 해도 한국은행 기준 금리는 5%에 육박했다. 기준 금리가 5%면 은행 금리는 7~8%가 된다. 2010년에는 대한민국 시중은행의 주택담보대출 금리가 6~8%에 달하기도 했다. 만약 변동 금리로 2억 원을 대출받아 아파트를 구입했다면 은행 이자로 월 약 100만 원을 납부해야 했다. 이런 이자를 감수하고도 주택담보대출을 받았다는 것이 믿기지 않지만, 불과 10여 년 전 일이다.

그때와 비교하면 지금 금리는 4분의 1 수준에 불과하다. 물론 금리가 조금씩 상승하고 있지만, 국내 경제성장률 이상으로 높아지지 않을 것이라는 예상이 가능하다. 이미 대한민국 경제 구조가 선진화된 시스템을 구축했기 때문이다. 현명한 투자자라면 경제 시스템에 대한 구조적 원리를 이해해야 한다. 그래야 기회가 왔을 때 놓치지 않는다.

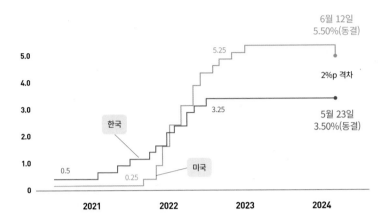

〈기준금리 추이(한국 vs 미국)〉 (2024년 8월 기준)

6월 12일
5.50%(동결)

5.25

2%p 격차

3.25

5월 23일
3.50%(동결)

한국

미국

0.5

0.25

5.0
4.0
3.0
2.0
1.0
0

2021   2022   2023   2024

외환 보유고와 부채

우리나라의 외환 보유고는 4,200억 달러 정도로, 세계 8위 수준을 기록하고 있다. 외환 보유고가 39억 달러에 불과하던 1997년 IMF 사태 전과 비교하면 격세지감이다. 한국은행 보고서에 따르면, 한국의 외환 보유고는 역대 최고치를 갈아치우며 신기록 행진을 이어가고 있다.

외환 보유액이 많으면 위기 상황이 닥쳤을 때 든든한 안전판이 되어준다. 만약 세계 금융시장이 위축되어 외화가 급속히 빠져나가거나 환율이 널뛰기해 투자자들의 심리가 불안해지면 국가는 보유하던 외화를 풀어 시장을 안정시킨다.

부채도 마찬가지다. 한국은 OECD 선진국 중 부채 비율이 낮은 나라에 속한다. 2019년 10월 IMF의 발표에 따르면 GDP 대비 부채 비율은 일본이 237.13%로 가장 높았으며 그리스가 184.85%, 이탈리아가 132.16%로 뒤를 이었다. 한국은 37.92%로 26위를 기록했다. 투자할 때 적정한 레버리지를 사용해 수익률을 높이는 것처럼, 한 나라도 적정 비율의 부채가 있어야 경제 운영에 도움이 된다.

물론 나라에 빚이 많다고 걱정하는 사람도 있을 것이다. '빚은 무조건 안 좋은 것'이라는 인식 때문이다. 그러나 사업을 해본 사람들은 빚이야말로 기업의 성장과 발전에 반드시 필요하다는 것을 알고 있다. 또 빚을 낸다는 것은 그만큼 갚을 능력이 있다는 말로도 해석 가능하다. 그러니 부채가 높다고 미리 걱정할 필요는 없다. 대한민국이 부채를 효율적으로 경영할수록 경제성장에는 도움이 된다. 경제성장은 부동산 시장의 상승에도 영향을 미친다. 부채와 외환 보유는 경제지표의 바로미터이며, 이 지표가 안정적일 때 투자도 원활하게 진행된다는 것을 기억하자.

코로나19 이후 경제성장과 회복 신호

국내 기준 금리는 미국 금리보다 높게 책정된다. 미국보다 금리가 낮으면 외국 투자 자본이 빠져나가기 때문이다. 외국 투자 자본을 끌어들이기 위해 글로벌 금리보다 높아야 하는 것은 물론, 특히 미국 금리보다 높아야 한국 경제가 타격을 입지 않는다. 한국의 기준 금리는 통상 미국보다 0.25~0.5% 정도 높다. 역사적으로 살펴보면 딱 한 번, 국내 경제 특수성으로 인해 미국 금리와 국내 금리가 역전된 적이 있었다. 이를 제외하면 국내 기준 금리는 미국 금리를 기준으로 움직인다고 봐도 무방하다.

코로나19 사태 이후 세계 경제 강국들은 돈을 풀어 경기를 부양하는 데 올인했다. 2008년 금융위기 이후 각국의 경기 부양책이 진행되어 부동산으로 뭉칫돈이 몰리는 현상이 나타났다. 게다가 2020년 코로나19 발병 이후 더 많은 돈이 시중에 풀렸고, 부동산은 폭등 장세로 접어들어 미국의 경우 코로나19 이후 집값이 4~5배 오를 정도였다. 지금도 부동산 가격 상승세는 계속되고 있지만, 한편에서는 자산 가치가 너무 오른 것 아니냐는 우려 섞인 목소리가 조심스럽게 흘러나오고 있다.

현재 미국은 연방 기준 금리가 1958년 이래 최저 수준을 기록하고 있다. 코로나19 이후 물가상승률이 높아지고 인플레가 우려되면서 금리 인상 가능성이 타진되고 있다. 하지만 금리가 올라도 장기적으로 완만하게 상승시켜 안정적 경기회복을 유도하겠다는 것이 현재 미국을 중심으로 한 선진국의 정책 기조다.

우리나라 부동산 시장 역시 최근 7~8년간 가장 매력적인 투자 시장으로 각광받아왔다. 여기에 초저금리 유동성 장세가 이어졌고, 시중에 떠도는 투자 자금의 규모도 큰 폭으로 증가했다. 시중에 풀린 돈을 거둬들이기 위해 정부가 다양한 정책을 쓰고 있으나, 아직 시장의 반응은 미미하다. 결국 향후 3~5년은 부동산 상승장을 기대해볼 수 있는 환경이다.

글로벌 부동산 컨설팅 회사 CBRE가 2021년 국내 리테일 임차인을 대상으로 '코로나19 확산 이전 매출 수준으로 회복하는 예상 시점'을 묻자, 전체 응답자의 3분의 2가 최소 6개월에서 1년 정도 소요될 것으로 예측했다. 매출에 심각한 타격을 입은 업체 중 상당수가 2021년 내 신규 오픈을 계획하거나 추진할 것으로 응답하면서 부동산 건물 임대차 시장의 회복이 기대되고 있다.

〈코로나19 확산 이전 매출 수준으로 회복하는 시점 전망〉

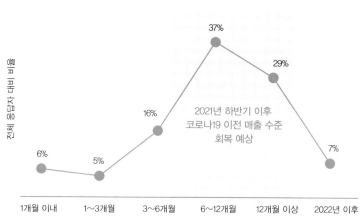

출처 : CBRE Research, APAC Retail Tenant Survey(2020년 10월 기준)

따라서 상업용 건물 투자자라면 금리 인상 이슈를 긍정적으로 해석할 필요가 있다. 주택과 달리 상업용 건물 투자 상황에서 금리는 양손에 든 떡과 같다. 낮으면 낮은 대로, 높으면 높은 대로 활용할 수 있다. 우선 금리가 낮다고 가정해보자. 건물을 매입할 때는 필연적으로 레버리지를 쓰게 되는데, 이 경우 금리가 낮으면 은행에 내야 할 이자가 줄어든다. 금리 인상은 건물 투자자 입장에서는 금융 부담이 줄어드는 호재로 작용한다. 반대로, 금리가 인상된다는 것은 실물 경기가 회복되어 경제가 원활하게 돌아간다는 의미다. 임차인들이 벌이는 사업이나 장사가 잘된다는 뜻이니 임대료를 높일 수 있는 기회가 된다.

임대료를 높이면 건물 가격도 덩달아 상승한다.

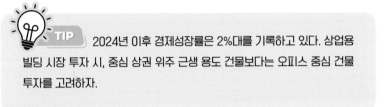

TIP 2024년 이후 경제성장률은 2%대를 기록하고 있다. 상업용 빌딩 시장 투자 시, 중심 상권 위주 근생 용도 건물보다는 오피스 중심 건물 투자를 고려하자.

〈상업용 부동산 임대 시장 동향〉

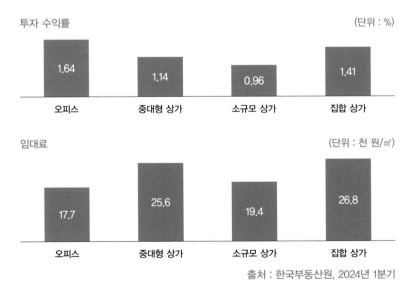

투자 수익률 (단위 : %)

오피스	중대형 상가	소규모 상가	집합 상가
1.64	1.14	0.96	1.41

임대료 (단위 : 천 원/㎡)

오피스	중대형 상가	소규모 상가	집합 상가
17.7	25.6	19.4	26.8

출처 : 한국부동산원, 2024년 1분기

02

아파트처럼 건물 투자를 하면 안 된다

엄밀한 의미에서 부동산 투자는 '시세 차익을 얻기 위한 목적으로 일정한 금액을 투자하고 시간과 정성을 들여 유지·관리함으로써 부가 수익을 창출하는 것'을 말한다. 투자에서 가장 중요한 점은 이익을 내는 것이며, 얼마간의 위험성도 내포되어 있다. 시중은 행에 예금이나 적금을 들 때 투자라고 하지 않는 이유는 100% 확실한 수익을 보장하는 안전한 상품이기 때문이다. 대신 돌아오는 이익금은 상당히 미미하다. 진정한 투자라면 불확실성이 존재하더라도 높은 수익률을 기대하며 자본금을 투입하는 행위여야 한다.

지난 20~30년간 우리나라의 부동산 가격이 전 분야에 걸쳐 상승하다 보니 건물 시세도 많이 올랐다. 그래서 "사옥을 샀는데 부동산 가격이 올라 사업으로 얻은 이익보다 오히려 더 많이 벌었다"는 말이 공공연하게 나돌곤 한다. 하지만 운이 좋아 건물 가격이 오른 것일 뿐 엄밀한 의미에서 부동산 투자는 아니다. 진짜 부동산 투자는 수익을 목표로 한다. 일반인이 건물 투자를 쉽게 생각하고 접근했다가 낭패를 보는 건 아파트 투자의 연장선으로 이해하기 때문이다. 건물과 아

60

파트는 전혀 다른 부동산 상품이다.

우리나라에서 아파트는 표준화된 정보를 바탕으로 투자가 가능하다. 인터넷 정보 사이트에 아파트 이름만 넣으면 관련 내용이 일목요연하게 표시되고, 이런 다양한 정보를 바탕으로 시장과 가격을 예측할 수 있다. 같은 층, 같은 평수의 아파트라면 가격에 큰 차이가 나지 않으며, 경우에 따라 아파트를 둘러보지 않고도 구입할 수 있다.

하지만 건물을 구입할 때는 이런 방법이 통하지 않는다. 바로 옆에 붙어 있는 건물임에도 컨디션에 따라 가치가 들쑥날쑥하다. 건물을 매입하면서 아파트 투자처럼 묻지도 따지지도 않고 무조건 사는 경우는 거의 없다. 디테일한 부분까지 꼼꼼히 점검해야 제대로 된 가격을 산정할 수 있기에 밤잠 설쳐가며 건물의 조건을 따져보는 것이 건물 투자의 핵심이다.

건물 가격은 어떻게 결정되는 걸까?

아파트는 인터넷상에 이름만 쳐봐도 실거래가를 확인할 수 있다. 하지만 건물은 전혀 다르다. 아파트처럼 찍어낸 상품이 아니라 개별 상품이기에 가격이 제각각이다. 자신이 소유한 건물의 현재 가격은 얼마인지, 또는 전문 컨설팅업체를 통해 소개받은 건물의 가격은 적정한지 알 수 있는 방법을 살펴보자.

1. 임대 수익률로 산정하기

건물에서 나오는 수익금을 바탕으로 건물 가격을 평가하는 방식이며, 이는 매수인이 선호한다. 임대 수익을 요구 수익률로 나누는 방법이 비교적 간단하다.

예를 들어 보증금 2억 5,000만 원에 월 임대료 1,000만 원이 나오는 건물이라면 연간 임대료 수익 1억 2,000만 원과 연간 보증금 운영수익 500만 원(이자 2%로 가정)을 더한 1억 7,000만 원이 총수익금이다. 이 수익금 1억 7,000만 원을 원하는 수익률 4%로 나누면 건물 가격은 42억 5,000만 원이다. 만약 요구 수익률이 5%라면 건물 가격은 34억 원이다. 입지에 따라 다르지만, 최근 투자자가 원하는 수익률은 강남권·명동권·홍대권 3~4%, 비강남권 4~5%, 수도권 5~6% 선이다. 2024년 현재 강남권 임대수익률은 2~3%대로 낮아져 있다.

2. 거래 시세로 산정하기

주변의 매매된 비슷한 건물의 사례를 비교해 가격을 매기는 방법이다. 이때 경매나 공매, 아는 사람 간 거래, 급매 물건 등 특정 상황에서 거래된 건물 가격은 제외한다. 시점에 따라 가격의 변동 폭이 급격한 경우 시점을 동일한 조건으로 맞춰 수정해야 한다. 이때는 가격을 결정하는 주요 요인, 이를테면 입지, 땅 형상, 임대료, 도로 상황, 주차 시설 등을 고려해야 한다.

기존에 거래된 시세를 바탕으로 건물 가격을 산정하면 일반 투자자도 쉽게 이해할 수 있고 설득력도 높은 편이라 많이 이용된다. 가장 최근의 시장 상황과 경제 분위기를 반영할 수 있기에 비교적 합리적인 평가 방법이기도 하다.

3. 원가법

원가법은 토지 가치와 건물 가치를 평가하는 것이다. 가격 조사 시점에서 해당 물건의 '재조달원가'를 기준으로 '감가수정'해 현재 가격을 산출한다. 재조달원가란 이미 지은 건축물을 다시 신축할 때 얼마가 들지 가정한 금액이다. 이때 나오는 가격은 빌딩의 최고가이므로 여기에서 감가수정액을 뺀 것이다.

예를 들어 지은 지 10년 된 건물로, 건평 660㎡에 50억 원의 매물이 있다고 가정해보자. 현재 건물을 신축하려면 평당 600만 원 정도 소요된다. 결국 이 빌딩의 재조달원가는 12억 원이다. 매년 3% 정도 감가상각을 감안하고 계산해보자. 현재 신축한다면 공사비 12억 원이 필요하지만 10년이 지났기에 8억 원의 잔존 가치가 있다. 결과적으로 50억 원에서 건물 가액 8억 원이며, 나머지 42억 원이 땅값이라는 계산이 나온다. 이를 근거로 ㎡당 가격을 산정하는 것이 원가법이다.

실제로 현장에서는 노후 건물의 경우 건물 비중은 거의 없고 토지 가격만 책정해 건물 가격을 매기기도 한다. 꼬마 빌딩은 20년 이상 된 노후 건축물도 많고 규모도 작아 종종 이런 방식이 통용된다. 신축 건물이나 리모델링 건물이라 손볼 곳이 없으면, 건축물 가격을 따로 책정하지만, 이처럼 경우에 따라 땅값 위주로 건물을 거래한다는 점을 염두에 두어야 한다.

빌딩 투자 심리와 상충되는 아파트 부동산 시장 구조

부동산 투자는 한 사람의 인생을 통틀어 가장 비싼 물건을 사는 일과 비견된다. 아무리 적어도 수억 원, 많으면 수백억 원이라는 막대한 돈이 오간다. 그런 만큼 매도자나 매수자 모두 이 과정에 많은 시간과 노력, 정성을 기울일 수밖에 없다.

투자자는 부동산 관련 뉴스를 확인하며 정보를 수집하는 것은 기본이고, 수시로 현장을 방문해 매의 눈으로 물건을 살핀다. 주변의 부동산 관련 전문가에게 컨설팅을 받기도 하고, 상담 내용을 바탕으로 필요한 자료를 찾아 열심히 공부하기도 한다. 매일 밤 잠자리에 들기 전까지 고민하며 자신이 올바른 판단을 내리는 것인지 확인 또 확인하는 것이 투자자의 태도다. 개인의 성향에 따라 이런 과정이 길 수도 짧을 수도 있지만, 투자하기로 결정을 내리기까지 투자자가 짊어진 고민의 질적 수준만큼은 비슷할 것이다.

그럼에도 사람들은 부동산 투자 시 오류를 범하곤 한다. '어떻게 해서든 싸게 사고 싶다'는 욕망에 사로잡혀 시장의 구조적 움직임을 보지 못하는 것이다. 싼 물건만 찾는 사람치고 제대로 된 물건을 사는 사람은 거의 없다. 이러한 이치가 극명하게 드러나는 시장이 바로 부동산이다.

시세가 10억 원인 아파트 한 채를 보유하고 있다고 가정해보자. 이 아파트를 매도한다면 중개업소에 얼마에 내놓겠는가? 시세보다 저렴한 가격에 팔 것인가? 보통의 정상적 사고를 하는 사람이라면 절대로 그럴 리가 없다. 오히려 시세보다 조금 높은 가격에 내놓는 것이 인지상정이다. 그래서 보통 사람들은 시세가 10억 원이라고 하면 호가 10억 5,000만 원 정도에 내놓기 마련이다. 결국 시세가 10억 원이라는 것은 매수자가 살 수 있는 가장 저렴한 가격이라는 의미다. 이것이 현재 대한민국 부동산이 돌아가는 구조다. 바꿔 말하면 내가 최고가에 매입해야 다음 최고가를 찍을 수 있는 여건이 마련되는 것으로, 부동산 가격이 상승하는 중요한 요건이기도 하다.

결론적으로, 내가 비싸게 사줘야 내 집값도 오를 수 있다. 이런 이치를 모른 채 무조건 싼 것만 찾으면 낭패를 보기 십상이다. 하자가 없는 한, 세상에 싼 부동산 물건은 없다.

급매가 내 손에 들어오지 않는 이유

시세보다 저렴하게 부동산을 구입할 수 있는 예외적 상황이 있긴 하다. 급하게 돈이 필요한 사람이 부동산을 처분해 자금을 융통하려는 상황에서 내놓는, 이른바 급매 물건이다. 하지만 제아무리 급한 상황이라 해도 시세 10억 원 하는 부동산을 9억 원에 내놓는 경우는 거의 없다. 급매로 내놓는다고 해도 매도자는 보통 "10억 원에 팔아주면 제일 좋고, 안 되면 9억 8,000만 원 정도는 받아달라"고 중개사에게 요청한다. 2,000만 원은 매도인이나 매수인 입장에서 결코 적다고 할 수 없는 금액이다. 그래서 큰 문제가 없다면 이 정도에서 급매 물건이 처리된다. 백번 양보해 시세가 10억 원인 부동산이 9억 원에 나왔다고 가정해보자. 이런 경우는 부동산 중개업소에서 먼저 낚아챈다. 다른 사람 귀에 정보가 들어가기 전에 먼저 계약금을 걸어 급매 물건의 소유권을 확보하는 것이다. 그런 다음 이 물건을 살 만한 매수자를 물색한다. 시세가 10억 원인 물건은 9억 8,000만 원이나 9억 5,000만 원에 내놓으면 임자가 금방 나타난다. 거래가 성사되면 부동산 중개업자는 앉은 자리에서 최대 8,000만 원을 벌게 된다.

건물 투자 비밀 노트 개정판

그나마 이런 물건도 내 손안에 들어오기란 쉽지 않다. 중개업자는 짧은 시간 안에 큰 수익을 얻는 좋은 조건의 매물을 뜨내기 손님에게 소개하지 않는다. 단골 고객 위주로 거래할 확률이 높다. 주변에서 "급매로 굉장히 싸게 샀다"고 말할 때는 건너서 정보를 전해 들은 경우가 대부분일 것이다.

급매를 구하는 것은 평상시 많은 시간과 노력이 필요하다. 좀 더 저렴한 빌딩을 찾고자 한다면 공인중개사와 친하게 지내기를 추천한다.

투자에 성공하려면
정부 정책을 알아야 한다

부동산 투자를 하다 보면 정치 이슈에 민감해질 때가 많다. 여당이 어떤 정치 철학과 국정 지표를 표방하느냐에 따라 부동산 정책에 영향을 미치기 때문이다. 하지만 현명한 투자자라면 정책 변화에 민감하게 반응하기보다 투자 시장 전체가 움직이는 큰 방향성을 살펴야 한다.

현재 대한민국 부동산 시장은 급속한 경제 발전에 따른 여러 후유증을 겪고 있다. 무엇보다 시장 참여자의 인식에 상당한 수준의 갭이 발생하고 있다. 10~20년 전의 경험을 현재진행형으로 여기다 보니 과거 기억에 안주하며 "옛날에는 이렇지 않았다"고 아쉬워한다. 이런 부류 는 시장이 움직이는 방향성을 살피려 하지 않는다.

투자 시장은 느리지만 한 방향을 향해 조금씩 움직이고 있다. 그 방향성은 크게 두 가지다. 첫째는 국내 세법을 바로잡는 쪽이다. 한국은 다른 나라와 달리 상당히 독특한 조세 정책을 펼치고 있다. 이를 합리적 방향으로 개선하려는 움직임은 오래전부터 있어 왔고, 집권당이 어떤 정치 철학을 갖고 있느냐와 상관없이 궁극적으로 이루어내야 할 목표로 설정되어 있다.

연봉 1억 원을 받는 월급쟁이는 2,000만~3,000만 원이 세금으로 나간다. 부동산 투자로 비슷한 차익을 얻었을 때 부과되는 세금은 월급과 비교해 매우 낮다. 조세 형평성의 원칙을 놓고 보면 불합리한 구조임이 틀림없다. 그렇기에 비슷한 수준으로 맞춰가겠다는 것이 향후 조세 정책 방향의 일관된 흐름이자 기조라 할 수 있다.

시장의 방향성 두 번째는 주택이 투기 대상이 아니라는 것이다. 국토가 좁은 나라들은 주택을 공공재로 취급하는 경향이 있다. 한 사람이 여러 채의 주택을 독점하면 다른 사람이 집을 갖기 어려운 구조다. 그래서 선진국일수록, 땅이 좁은 나라일수록 다주택 소유자에게 세금을 많이 매기는 조세 정책을 취한다. 그리고 우리나라도 이와 비슷한 방향으로 흘러가고 있다.

오랜 시간 부동산 시장에 참여해온 투자자는 자기만의 원칙과 철학을 지니고 있다. 정부 정책 하나하나에 반응하기보다는 시장이 나아 갈 방향을 멀리 내다보는 안목을 갖춰야 한다.

부동산 과표 기준의 딜레마

우리나라 부동산 과표 기준은 기준시가, 공시지가, 공정시장가율 등 다양하다. 먼저 기준시가는 양도세, 증여세, 상속세, 종부세 등 국세를 부과할 때 사용하는 기준으로 토지와 건물을 모두 합친 전체 재산에 대한 감정가를 의미한다. 법원 경매 물건에 붙는 가격을 기준시가라고 생각하면 이해하기 쉽다. 시세 25억 원 수준의 아파트 기준시가는 22억~23억 원 선으로 책정되는 것이 현실이다. 기준시가는 국세청 관할이다.

공시지가는 크게 표준 공시지가와 개별 공시지가로 나뉜다. 표준 공시지가는 대표성이 있는 토지를 골라 단위 면적당 가격을 조사한 것이고, 개별 공시지가는 표준 공시지가를 기준으로 각 지방자치단체에서 감정평가사의 도움을 받아 조사한 개별 토지의 단위 면적당 가격이다. 공시지가는 기준시가의 60~70% 선으로 책정되는데, 기준시가가 20억 원 정도인 물건은 공시지가로 14억 원 수준이다. 공시지가는 국토교통부 관할이다.

공정시장가율은 1년에 한 번씩 내는 재산세를 책정할 때 사용하는 기준이다. 국민의 세금 부담을 덜어주기 위해 2009년부터 도입한 제도로, 공시지가에 공정시장가율을 곱해 산출한다. 예를 들어 공시지가가 14억 원이라면 여기에 공정시장가율 70%를 곱한 9억 8,000만 원에만 세금을 매긴다. 국내 경제가 급성장하면서 납세자의 세금 부담이 커진 것을 고려해 마련한 장치다.

실거래가와 공시지가의 가격 차이가 크다 보니 문재인 정부는 공정시장가율을 실거래 수준 90%까지 끌어올리겠다고 선언했다. 이런 경우 재산세 등 각종 세금이 높아져 납세자 부담이 큰 폭으로 증가한다. 최근 윤석열 정부는 실거래 60% 수준으로 낮춰서 과세하고 있다.

정부 정책에 반하지 말라

"정권이 바뀌면 좀 달라지지 않을까요?" 컨설팅을 할 때 자주 듣는 질문이다. 새 정부가 들어서면 양도세 규제를 완화하거나 그린벨트를 해제하지 않을까 하는 기대를 거는 것이다. 혹자는 용도 지역이 변경되는 '종상향'을 기대하기도 한다. 하지만 정권에 따라 부동산 정책이 극단을 오가며 뒤바뀐 적은 별로 없다. 큰 틀과 긴 정책적 흐름을 보면 일관된 기조를 유지해왔다고 보는 것이 맞다.

한 가지 확실한 것은 부동산 정책이 '주택은 더 이상 투자 대상이 아니다'라는 쪽으로 움직인다는 점이다. 지금까지 대한민국 부동산 시장에서 주택은 대표적 투자 상품이었다. 하지만 이 과정에서 서민 주거 환경이 열악해지는 등 문제점이 불거지자 '주택이 과연 투자 상품인가?'를 두고 고민하기 시작했다.

정부가 주택을 필수재로 인식하고 있으며, 더 이상 투자 대상이 되어서는 안 된다는 메시지를 거듭 내보낸다는 것을 가장 빨리 알아챈 이들은 강남의 다주택자 소유자들이다. 최근 강남 부동산 시장, 다주택자를 중심으로 주택 증여가 늘고 있다. 이는 5주택 이상 소유자, 특히 강남의 고가 아파트를 여러 채 보유한 다주택자에 대한 규제가 더 강화될 것이라는 의미다. 단순히 몇 년 버티거나 정권이 바뀌면 해결될 거라고 믿지 않는다는 방증이다.

시장이 이길지, 정부가 이길지는 알 수 없다. 하지만 오랜 시간 부침을 거듭해온 부동산 투자자는 정부 정책 방향성에 대해 보다 깊이, 멀리 바라보지 않으면 큰 손해를 본다는 것을 알고 있다.

언제 닥칠지 모르는 송곳 규제

요즘은 일반 가정에서 주민등록등본을 비롯해 거의 모든 공공 서류, 특히 부동산 관련 건축물대장이나 부동산 등기부등본을 열람할 수 있다. 이처럼 편리한 시대에 살고 있으면서도 우리는 그 이면의 내용을 간과하곤 한다. 보통 사람들도 집에서 거의 모든 부동산 정보를 확인할 수 있는데, 이 많은 정보를 모두 데이터베이스화해 언제든 필요할 때마다 들여다볼 수 있는 정부라면 어떨까?

정부는 오랜 시간 엄청난 물량을 투자해가며 대한민국 전자 정부를 구축했다. 고도화된 정보 시스템과 막대한 데이터베이스를 확보한 뒤 이를 바탕으로 부동산 정책을 펼치는 수단으로 활용하기 시작했다. 따라서 필요에 따라 개인 주민등록번호를 입력해 가족과 관련한 모든 부동산 소유 현황을 확인할 수 있다. 각각의 등기소에 흩어진 자료가 전산화되어 하나로 연결되는 순간, 대한민국 국민의 부동산 소유 현황이 투명하게 드러난다. 특정 인물이 다주택자인지 아닌지, 주택을 소유했다면 어디에 있는 건물인지, 시세는 얼마나 하는지 등을 파악하는 일이 어렵지 않다.

〈송파구 잠실 일대〉

출처 : Shutterstock

부동산 전문가들이 농담처럼 하는 말이 있다. 강남구·송파구·서초구 등 이른바 강남 3구 다주택자 10만 명이 강남 3구 주택 100만 채를 보유하고 있다는 '썰'이다. 강남 3구의 인구는 약 70만 명이다. 이 중 10만 명 정도가 다주택자라는 의미니 비율로 따지면 5~10% 내외다. 강남 3구에만 5주택 이상 소유자가 1만 명이 넘는다는 이야기도 있다.

전자 정부 시스템을 이해했다면 이들을 핀셋처럼 집어내 규제할 수 있을 것이라는 예상이 가능하다. 정부가 다주택자를 규제하겠다는 것도 실제 통계를 바탕으로 어떤 사람들이 어느 지역에 얼마큼의 자산을 갖고 있는지 정확하게 파악할 수 있다는 의미다. 정부는 앞으로도 부동산 데이터 확보에 지속적으로 열을 올릴 것이다. 최근 시행된 부동산 전월세신고제 역시 관련 데이터베이스 확보를 위한 교두보 작업이라고 할 수 있다.

취득세 중과 정책과 그 영향

부동산 투자에 대한 정부 입장을 알 수 있는 정책 중 핀셋 규제 장치로 눈여겨봐야 할 것이 취득세 중과 정책과 토지거래허가제다. 정부는 특별한 상황이 예상되면 건물에도 높은 취득세를 물려 투자 수요를 억제한다. 매입하려는 건물에 취득세 중과세율이 적용되면 건물 투자자에게 큰 악재일 수밖에 없다. 따라서 건물에 적용되는 취득세 중과 대상 여부는 건축물대장 용도와 실사용 용도를 통해 미리 확인해야 한다. 이때 중요한 것이 과밀억제권역과 토지거래허가구역인지 여부다. 이에 따라 취득세율이 달라진다.

우선 과밀억제권역부터 살펴보자. 과밀억제권역은 산업과 인구가 너무 많이 집중되었거나 또는 집중될 우려가 있는 지역이다. 외부에서 이 지역으로 이전하는 수요를 막기 위해 설정한 규제 장치다. 과밀억제권역 밖 법인이 과밀억제권역 내 건물을 매입한 후 실사용하면 그 면적만큼 취득세를 중과한다. 건물은 취득세 4.6% 부과 대상이지만 취득세 중과 대상이 되면 9.4%를 납부해야 한다. 시세가 100억 원인 건물의 취등록세가 4억 6,000만 원인데 반해 과밀억제권역은 9억 4,000만 원이라는 것이다. 5억 원 가까이 더 내야 하니 법인으로서는 어떻게 해서든 취득세 중과를 면하기 위해 애쓸 수밖에 없다.

토지거래허가구역은 일정 규모 이상 주택이나 상가를 비롯한 빌딩, 토지 등을 거래할 때 반드시 해당 구청장의 허가를 받아야 하는 지역을 말한다. 이와 관련한 정책이 토지거래허가제로, 허가 여부의 핵심은 '실사용'이다. 매입자가 실제로 부동산을 사용하지 않으면 거래할 수 없는 법이기에 실사용하지 않는 부동산 매매 행위는 모두 투기로 간주한다. 그래서 토지거래허가구역은 땅값인 주택 가격의 급격한 상승이 우려될 경우 관할 지방자치단체장이 지정하고 있다.

2021년 오세훈 서울시장이 당선된 지 얼마 지나지 않아 압구정동, 여의도, 목동, 성수동 등 서울의 4개 지역을 토지거래허가구역으로 지정해 지역 주민의 원성을 산 적이 있다. 그만큼 부동산 거래에서는 악재로 작용할 수 있는 규제 정책이다. 토지거래허가구역은 강남 일대뿐 아니라 용산, 잠실, 마포 등 서울 요지의 투자 유망 지역 대부분에 해당한다고 해도 과언이 아니다.

〈과밀억제권역〉

· 서울 : 전 지역
· 경기도 : 의정부시, 구리시, 하남시, 고양시, 수원시, 성남시, 안양시, 부천시, 광명시, 과
  천시, 의왕시, 군포시, 시흥시(반월 특수 지역 제외 / 반월 특수 지역 해제된 지역도 포함),
  남양주시 일부(호평동, 평내동, 금곡동, 일패동, 이패동, 삼패동, 가운동, 수석동, 지금동, 도농
  동, 다산동)
· 인천 : 제외 지역(강화군, 옹진군, 서구 대곡동·불로동·마전동·금곡동·오류동·왕길동·당하동·원
  당동), 남동국가산업단지, 인천경제자유구역(인천경제자유구역 해제된 지역 포함)

출처 : 국토교통부 '수도권정비계획법' 제6조

토지거래허가구역에서 건물을 살 때는 직접 입주하는 것이 원칙이
므로, 만약 건물을 모두 임대로 돌린다면 매입은 불가능하다. 반대로

이 지역에 건물 등 부동산을 소유하고 있는 사람은 실거주 요건을 채울 수 있는 상대에게만 건물을 팔 수 있다는 이야기다. 매매 자체가 여간 까다로운 것이 아니다.

다음 표를 보면 알 수 있듯이, 과밀억제권역의 주요 투자처는 토지거래허가구역과 겹친다. 토지거래허가구역의 건물 매입 조건이 실사용하는 것인데, 과밀억제권역 내 건물에서 실사용하면 취득세 중과 대상이 된다. 두 규제 장치가 충돌하는 것이다. 투자자 입장에서는 울며 겨자 먹기로 두 배 가까운 취득세를 내거나 규제 사항을 피할 수 있는 방법을 고안해야 한다. 또 과밀억제권역 안에서 사업하던 기존 법인이 설립한 지 5년이 지나지 않았다면, 부동산을 취득할 경우 취득세 중과 적용을 받는다.

결국 취득세 중과를 피하는 가장 유리한 방법은 과밀억제권역 밖의 법인이 과밀억제권역 안에서 빌딩을 매입하는 것이다. 매입 빌딩은 중과 대상 목적이 아닌 용도로 사용하거나 임대 목적으로 투자하면 된다. 이런 까다로운 규제 장치 때문에 이득을 보는 지역도 있다. 토지거래허가구역으로 지정된 곳과 가까운 인접 지역이다. 비슷한 지역에 위치하지만 규제 지역이 아니기에 투자가 집중되어 풍선 효과가 발생한다. 규제를 피하기 위한 투자자의 발 빠른 대처도 이어지고 있다. 취득세 중과를 피하기 위해 주택을 가족에게 증여하는 사례가 늘고 있는 것이 그 증거다.

〈서울시 토지거래허가구역 지정 현황〉 (2024년 10월 기준)

지정 권자	지정 구분	최초 지정일	지정 기간	면적 (㎢)
합계				193.60
서울 특별 시장	소계			190.24
	강남·서초 자역녹지지역	1988.5.31.	2024.5.31.~ 2025.5.30.(1년)	27.29
	국제교류복합지구 및 인근 지역	2020.6.23.	2024.6.23.~ 2025.6.22.(1년, 4차 조정)	14.4
	공공개재발 후보지(기존) 8곳	2021.1.26.	2024.1.26.~ 2025.1.25.(1년, 3차 재지정)	0.14
	공공재개발 후보지(신규) 16곳, 신속통합기획(개개발사업) 12곳	2021.4.4.	2024.4.4.~ 2025.4.26.(1년, 3차 재지정)	2.03
	주요 재건축단지 등 (여의도, 압구정, 목동, 성수전략)	2021.4.27.	2024.4.27.~ 2025.4.26.(1년, 3차 재지정)	4.58
	신속통합기획 주택재개발 후보지 17곳	2022.1.2.	2024.1.2.~ 2025.1.1.(1년, 2차 재지정)	0.9
	신속통합기획 주택개건축·개개발 사업 예정지 10곳 (선정 8, 미선정 2)	2022.1.29.	2024.1.29.~ 2025.1.28.(1년, 2차 재지정)	0.76
	공공재개발후보지, 신속통합기획(재건축·재개발사업) 선정지 16곳	2022.8.31.	2024.8.31.~ 2025.8.30.(1년, 2차 재지정) *일부 구역 지정 기간 상이	0.94
	신속통합기획(재개발) 공모 추천지, 신속통합기획 (재건축) 선정지 31곳	2023.1.4.	2024.1.4.~ 2025.1.3.(1년, 1차 재지정)	2.17
	신속통합기획(재개발) 공모 선정지 6곳	2023.12.26.	2024.12.26.~ 2025.12.25.(1년, 신규 지정)	0.32
	신속통합기획(재개발) 공모 후보지 6곳	2024.5.30.	2024.6.4.~ 2025.8.30.(1년, 신규 지정)	0.3
	신속통합기획(재개발) 공모 후보지 2곳	2024.8.1.	2024.8.6.~2025.8.30.	0.14
국토 교통부 장관	소계			3.36
	용산구	2020.5.20.	2024.5.20.~ 2025.12.31.(19개월 4차 재지정)	0.72
	송파구 (방이동, 오금동, 마천동)	2024.8.8.	2024.8.13.~ 2024.12.31.	2.64

정부의 규제 정책은 부동산 투자 상품도 주택에서 건물로 바뀌고 있다. 이런 기류는 이미 2019년부터 감지되기 시작했다. 강남을 중심으로 꼬마 빌딩 거래 건수가 늘더니 2020년 들어 더욱 증가한 것이다. 선발 주자는 이미 스타트한 상황이며, 후발 주자도 계속 시장에 진입 중이다. 이는 곧 투자 시장의 확대를 의미한다. 따라서 당분간은 건물 투자의 흐름이 지속되리라는 것을 예상할 수 있다.

Part 3

대한민국
건물주를 만나다

왜 강남 사람들만
건물을 살까?

강남 소재 건물주는 몇 명이나 될까? 도로에 늘어선 수많은 건물에 제각각 주인이 있을 테니 그 현황을 파악하면 짐작이 가능하다. 대기업 등 대형 법인이 소유한 건물을 제외하고 순수 개인 명의로 된 강남 건물은 약 13만 채다. 건물이라 부르기에 애매한 빌라 등 소형 주택 건물을 제외하면 약 10만 채인데, 이 10만 채를 소유한 사람이 강남 건물주라는 타이틀을 얻는다.

강남 지역 건물에 투자하는 사람이라면 초보가 아닌 바에야 작게는 두세 채, 많게는 네다섯 채 정도를 소유하고 있다. 물론 그 이상 소유한 사람도 적지 않다. 결국 5만~8만 명이 강남의 건물을 소유하고 있다고 할 수 있다. 이들은 건물을 사야 하는 이유, 즉 아파트와 비교할 수 없을 만큼 건물 투자 수익률이 높다는 것을 잘 알고 있다. 또 건물 투자의 장점을 몸소 체험해 건물 투자에 좀 더 공격적이다. 지속적으로 건물을 매입하고 자녀나 손자 등의 명의로 분산 투자를 한다.

이들의 공통점을 살펴보면, 좋은 물건이 등장하면 보유한 건물을 팔아 곧바로 매입한다는 점이다. 기존 건물이 싸게 책정되더라도 과감히 팔고 새 건물을 산다. 새 건물이 훨씬 더 많이 오른다는 것을 알기 때문이다. 이렇게 한번 경험해본 사람들이 계속 건물을 사들이는 것이 강남 건물주의 세계다.

자산이나 자본을 많이 보유하지 않음에도 건물 투자를 하는 사람들은 나고 자란 곳이 강남일 확률이 높고, 직장에 다니거나 결혼해도 강남을 떠나지 않는다. 이들은 어려서부터 부모님이나 친척, 가까운 지인들이 건물을 사고팔거나 신축하면서 큰돈을 버는 과정을 지켜보며 성장했다. 따라서 기본적으로 부동산에 관심이 많고, 건물 투자로 큰돈을 만지는 과정이나 반대로 건물 투자의 어려움 등도 누구보다 잘 알고 있다.

이들의 특징은 두려움을 모른다는 것과 투자 이해도가 높다는 점이다. 정작 본인은 초보라고 하지만, 일단 직접 투자에 나서면 결정이 빠른 편이다. 자라온 환경, 부모 덕분에 남보다 유리한 고지에서 건물 투자를 시작할 수 있다.

뛰어난 접근성과 넘쳐나는 정보

살고 있는 지역이 어디인지에 따라 투자 접근성도 다르다. 자신이 사는 지역에서 건물 투자가 활발하면 일상생활 반경에서 투자 기회를 찾을 수 있다. 건물 매매를 전문으로 하는 중개업소의 80%가 강남에 자리 잡고 있으며, 나머지 20%는 용산구·종로구·영등포구 여의도·송파구 등지에 퍼져 있다. 이 지역에 사는 사람들은 집 밖을 나서면 인근에 전문가가 많기 때문에 건물 정보와 물건 등에 쉽게 접근할 수 있다. 물어볼 곳이 많고 다양한 사례를 접하면서 관심 또한 높아진다. 전문가 입장에서도 고객이 주로 건물에 관해 물어보니 정보와 자료를 더 많이 확보할 수 있다. 이 정보는 다시 건물 투자자에게 전달되므로 서로 윈윈하는 구조가 만들어진다.

이른바 '노는 물이 달라야 투자도 잘한다'는 법칙을 깨달은 사람 중에는 건물주가 되기 위해 아예 강남으로 주거지를 옮기는 경우도 많다. 그중에서는 강남의 반지하나 원룸에 살면서 건물을 매입하는 사례도 있다.

또 다른 정설은 함께 어울리는 사람이 부동산에 관심이 많거나 부동산 투자로 돈을 벌었다면 자연스럽게 분위기에 휩쓸린다는 것이다. "친구 따라 강남 간다"라는 말이 괜히 나온 것이 아니다. 대치동에 사는 학부모들은 학업 정보를 공유하는 커뮤니티를 운영하면서 부동산 정보도 함께 공유한다. 특히 영향을 받는 것이 '누가 어디에 투자해 얼마를 벌었다'는 실체적 정보다. 잘 아는 누군가가 투자에 성공한 것

건물 투자 비밀 노트 개정판

을 가까이에서 지켜보면 '나도 한번 해볼까?' 하는 마음이 생기기 마련이다. 게다가 그 길을 먼저 간 지인에게 조언이나 노하우도 쉽게 얻을 수 있어 여러모로 유리하다.

이런 분위기는 강남에서 특히 도드라지는데, 학부모 모임뿐 아니라 문화센터나 스포츠 강좌에서도 동호회나 모임을 따로 만들어 부동산 정보를 공유한다. 누군가 "○○동에 있는 건물을 ○○억 원 주고 샀는데 그게 이번에 ○○억 원 올랐다" 하고 구체적으로 정보를 던지기도 하는데, 다른 지역에 살면 알 수 없는 정보다. 결국 부동산 공부를 하면서 투자 기회를 살피게 된다.

강남구·서초구·송파구 이른바 강남 3구의 건물을 소유한 건물주는 부동산 중개 앱을 통해 건물에 공실이 생길 때 정보를 올리고 새로운 임대자를 찾는다. 강남 3구에만 적용하기에 보다 상세한 지역 정보를 얻을 수 있다.

강남 건물주들은 자주 모임을 가지면서 정보를 교환하는데, 이는 건물 투자 흐름을 살펴볼 수 있는 지표가 된다. 부동산 중개업소 입장에서는 공실 정보 확인뿐 아니라 건물주의 임대 포인트를 알게 되어 매매 정보로 활용할 수 있다. 건물주 입장에서는 여러 중개업소에서 수시로 전화를 걸어 다양한 정보를 알려주니 서로 윈윈하는 전략이다. 심지어 연락이 뜸해지면 오히려 건물주 입장에서 "건물을 내놓겠다"는 소문을 뿌려 관심을 유도하기도 한다. 이렇듯 건물주들은 커뮤니티를 따로 만들어 그 안에서 독점적 지위를 누리며 생활을 이어간다.

TIP 부동산 고수들이 이용하는 사이트

빌딩 실거래 정보를 알고 싶을 때 '빌딩샵'(www.빌딩샵.com)

자칭 타칭 강남의 매물을 가장 많이 보유한 사이트다. 추천 매물을 용도별, 지역별로 구분하고 실거래한 슈퍼 빌딩의 가치 평가를 점수로 매김으로써 빌딩의 가치 정보를 한눈에 알 수 있는 것이 특징이다. 매달 발행하는 투자 가이드를 통해 부동산 흐름을 파악할 수 있다. 대치동에 있는 정인부동산그룹에서 운영한다.

토지·건물 거래 전문 '밸류맵'(www.valueupmap.com)

주소만 입력하면 인근 지역의 토지, 단독주택 등 아파트를 제외한 물건의 최근 거래 시세, 연도별 거래된 금액 등의 정보를 얻을 수 있다. 토지 거래 사례를 조사하거나 경매 물 건을 검색할 수 있으며, 전문 중개사와 함께 지역별로 매물 투어링도 진행하고 있다.

우리 동네 부동산 '디스코'(www.disco.re)

동네 채팅을 통해 주민들과 부동산에 대해 이야기를 나눌 수 있는 사이트다. 주소를 검색하면 건물 이력뿐 아니라 매매 시기와 매매 가격이 명시되어 있다. 우리 동네 전문가들이 매물 정보를 소개하는 것이 특징이다.

아파트 실거래 정보 '호갱노노'(hogangnono.com)

200만 회원을 자랑하는 부동산 투자 관련 사이트로 아파트 실거래가와 시세, 분양 정보 등을 소개한다. 지역별 대장 아파트 등 현재 어떤 아파트가 관심을 받고 있는지 한눈에 알 수 있지만, 아파트 정보에 국한된다는 것이 단점이 있다.

공부하는 건물주

투자 모범생은 열심히 공부한다. 취미나 레저 활동을 즐길 때도 관심은 오로지 부동산 투자에 꽂혀 있다. 함께 어울리는 사람들도 관심사가 비슷하고, 스스로 끊임없이 노력한다.

대기업에 근무하는 사람들은 업무 특성상 많은 사람을 만난다. 조직이 큰 만큼 그 안에서 많은 정보가 떠다니기에 아는 이야기도 많아진다. 정치·사회·경제·문화 등 다방면으로 유용한 정보를 접하며, 한 다리만 건너면 '누가 그랬다더라'는 카더라식 통신에 익숙하다.

금융업·언론계 종사자, 공무원·교사 등도 소문에 민감한 편이다. 월급을 받으며 생활하는 사람들은 대부분 소득이 일정 수준 이상 되면 부동산 투자에 관심을 갖기 마련이다. 주변에서 들리는 이야기가 많은 데다 매달 고정 수입이 들어오므로 투자 자금을 마련하는 것이 어렵지 않다. 은행 대출을 받기에도 유리한 조건이다.

하지만 듣는 풍월이 많은 사람이 투자를 잘하는가 하면 그건 아니다. 건물을 사겠다는 의지는 강하지만 이리저리 휘둘리며 최종 결정을 내리지 못해 시간을 허비하기 일쑤다. 보는 건물마다 다 좋다고 말하는가 하면, 반대로 모든 건물에 꼬투리를 잡아 매입을 꺼린다. 갈등하고 의심하는 데 익숙하고, 전문가의 말을 신뢰하기까지 시간이 오래 걸린다. 같은 내용을 끊임없이 반복하며 질문하거나, 설명을 들을 때는 다 이해한 듯하다가도 막상 집에 가서 다시 고민한다. 자료 수집을 많이 하다 보니 스스로를 이미 준전문가라 생각하고, 틀렸다고 지적받는 것을 싫어해 전문가의 말에 반박하기도 한다. 머릿속에 든 지식은 많지만 실행력이 부족하고, 위험을 회피하려 하며, 너무 많이 알아서 투자하기 어려운 부류다.

이들은 시간과의 싸움에서 질 확률이 높다. 갈등하다 놓친 건물이 나중에 큰 수익을 내는 것을 보며 후회하기도 한다. 따라서 투자 의지가 확실한 이에게 필요한 것은 믿을 수 있는 전문가를 만나는 것이다. 신뢰감 있는 파트너를 만나면 전문 투자자로 거듭날 수 있다.

TIP 토지 보상 뉴스 속 숨은 의미

공부 잘하는 이들은 투자 타이밍이 오면 늑장 부리지 않고 투자를 진행해 높은 수익을 낸다. 토지 보상 관련 기사를 접할 때도 마찬가지다. 토지 보상금이 풀린다는 이야기는 돈을 받은 기존 토지주들이 어딘가에 다시 투자한다는 의미다. 나라에서 땅을 수용해 터전을 잃은 토지주에게는 반경 20km 내 부동산을 살 때 취득세 면제 혜택을 준다. 터전 가까운 곳에서 다시 삶을 꾸릴 수 있게 하려는 취지다.

결국 토지 보상금이 풀린 지역으로부터 반경 20km 내 부동산, 특히 건물이나 주택 가격이 인상될 가능성이 높다. 특정 지역에서 토지 보상이 지연되고 있다는 뉴스가 들리면 이 역시 호재다. 보상이 지연되는 동안 부동산 가격이 정체되거나 떨어지기 때문이다. 이때 투자를 진행하면 언젠가는 보상금이 풀리고 부동산 가격 상승으로 이어진다.

준비된 투자자는 즐긴다

준비된 투자자는 신문과 방송 등 뉴스를 통해 최신 자료를 업데이트하며, 정부의 세금 정책이 바뀌면 전문가와 상담해 내용을 확인하고 자신의 것으로 만든다. 지금 당장 건물을 사지 않더라도 자신에게 해당되는 사례를 상정하고 미리 계획을 짜기 때문에 실패할 확률이 적을 수밖에 없다.

이런 사람들의 특징 중 하나는 기회가 생기면 곧바로 판단을 내린다는 것이다. 특히 건물 매입을 눈앞에 두면 지체하지 않는다. 많은 정보가 입력되어 있어 갈등할 필요가 없기 때문이다. 이들은 좋아하는 것을 열심히 하는 습성이 있어 부동산 공부를 할 때도 즐거움을 느낀다.

한 가지 사례를 들어보자. 인사동과 혜화동에 건물을 갖고 있는 A는 평소 신문 문화면을 열심히 읽는다. 어떤 전시가 열리는지, 공연계는 어떻게 돌아가는지 파악하기 위해 노력한다. 건물을 임차하고 관리하는 것도 중요하지만 건물이 위치한 지역의 분위기와 흐름을 알아야 수익률을 높일 수 있기 때문이다. 정부에서 문화·예술계를 위한 지원 정책을 펴거나 관련 사업을 벌이면 쾌재를 부른다. 정부 지원금 정책으로 공연업체가 늘어나 다양한 사업을 벌이면 자연히 건물 공실이 줄어들기 때문이다. 공실이 없으면 임대료를 올릴 수 있고, 임대료가 올라가면 건물의 가치가 상승한다.

 정부 제공 부동산 정보 사이트

국토교통부 실거래가 공개시스템(rt.molit.go.kr)
실거래가를 쉽고 편리하게 조회할 수 있는 사이트다. 매매 실거래 공개는 2006년 1월부터 부동산거래신고 및 주택거래신고를 한 주택(아파트, 연립·다세대, 단독·다가구), 오피스텔, 토지, 상업·업무용 부동산을 대상으로 한다. 매월 국토교통부에서 발표하는 주택 통계 등의 정보도 얻을 수 있다.

부동산 대책 정보사이트 정책풀이집(www.molit.go.kr/policy/main.jsp)
국토교통부, 기획재정부, 법무부, 행정안전부, 금융위원회, 국세청 등 관계

건물 투자 비밀 노트 개정판

부처가 합동으로 구축한 부동산 정책 정보 웹사이트. 정부의 주요 정책 기조를 중심으로 구축한 부동산 정책 정보 웹사이트다. 정부의 주요 정책 기조를 중심으로 세제, 금융 등 부문별 정책 내용을 일목요연하게 볼 수 있다. 무엇보다 동영상으로 정보를 제공해 보기 편하다는 것이 강점이다. 또 그동안의 질의와 적용 사례를 볼 수 있고, 정보 검색도 가능하다.

부동산통계정보시스템 R-ONE(www.r-one.co.kr)

한국부동산원(구 한국감정원)이 만든 부동산 통계 정보 사이트. 일정 기간 특정 지역의 변화 추이 등 거시적 통계 정보를 얻을 수 있다. 특히 전국의 상업용 부동산 임대료, 공실률, 수익률, 권리금, 층별 효용 비율 등에 관한 정보도 자세히 담겨 있어 건물 투자 시 유용하다.

국토교통 통계누리(stat.molit.go.kr)

국토교통부에서 국민 생활과 밀접한 분야 전반의 통계를 제공하는 사이트다. 국토, 주택, 토지 등의 정확한 자료를 수치로 확인할 수 있다. 특히 부동산 통계 정보에서는 전국주택가격 동향조사 및 실거래가격지수 부동산 거래 현황 등에 관한 최신 정보를 얻을 수 있다.

일사편리(kras.go.kr)

부동산 관련 증명서를 한 번에 뗄 수 있는 부동산 통합 민원 사이트다. 측량과 토지 이용 계획, 건축 인허가와 관련된 서류를 열람하거나 한 번에 발급받을 수 있어 비용도 적게 들고 편리하다. 부동산 관련 민원도 이곳에서 조회하거나 신청할 수 있다. 시도별로 일사편리 사이트가 따로 구축되어 있다.

정비사업 정보몽땅(cleanup.seoul.go.kr)

서울시의 재개발·재건축이 궁금하다면 이곳을 방문해야 한다. 지역별 정비사업 현황을 한눈에 볼 수 있다. 또 정비사업 시행 관련, 토지 등 소유자별 분담금 추산액 등 관련, 예산 및 회계와 행정 업무 처리 관련 정보를 제공함으로써 투명성과 이용 편의성을 높이고 있다.

흙수저부터 재벌까지, 다양한 투자자 유형

건물 투자는 돈이 많고 적음과 큰 상관이 없다. 물론 돈이 많으면 투자에 유리한 건 사실이지만, 부자 건물주도 종종 쓴맛을 본다. 부자가 되고 싶다는 열정이 큰 흙수저 투자자 도 많다. 이들은 어떻게 해서든 방법을 찾아내 빌딩주 대열에 합류한다.

열망은 높으나 자금은 부족한 '생계형'

부자가 되고 싶은 열망이나 돈 벌고 싶다는 욕망이 강한 반면, 투자 자금이 많지 않은 부류다. 주로 흙수저 출신으로 가난을 딛고 일어섰으며, 어려운 일이 닥쳐도 쉽게 좌절하지 않는다. 망하는 것 또한 두렵지 않다. 이미 겪어봤기에 다시 일어서는 방법도 알고 있고, 돈만 벌 수 있다면 '영끌' 투자, 즉 공격적 투자도 마다하지 않는다.

투자 경험이 없기에 전문가의 조언에 귀 기울이며, 목표가 분명해 어떤 건물을 매입할지도 비교적 쉽게 결정한다. 많은 사람이 리스크 체크에 목맨다면, 이들은 처음부터 맨손으로 시작한 만큼 리스크에 연연하지 않는다. 단돈 100원도 허투루 쓰지 않아 건물 청소를 직접 하거나 웬만한 수선과 수리는 셀프로 진행하는 경우도 많다.

전문가 입장에서는 상당히 까다로운 투자자다. 이들은 비용을 아끼기 위해 직접 몸으로 뛰는데, 아는 것이 많지 않으니 하나부터 열까지 모두 알려줘야 한다. 하지만 뭔가를 결정하는 데 주저하지 않아 투자에 성공하는 사람이 많다. 정확한 컨설팅과 분석을 해주면 그대로 따르기에 이들의 노력은 항상 결실을 맺는 편이다.

Case Study 2

맨몸으로 상경한 흙수저 부부의 눈물겨운 분투기

지방 소도시에서 상경한 K 부부. 회사에 다니는 남편과 전업주부인 아내는 지방 출신이지만, 서울에 올라올 때부터 '부동산으로 자산을 불리겠다'는 목표가 뚜렷했기에 강남에 둥지를 틀었다. 자산이 많지 않은 탓에 시작은 저렴한 빌라였다. 하지만 친구를 사귀고 학부모 모임 등을 통해 부동산 관련 투자 정보를 접하면서 투자에 확신이 생겼다. 꾸준히 부동산 공부를 하면서 종잣돈을 모으며 적절한 때를 기다렸다.

부부는 2015년 강남 요지의 소형 아파트 갭 투자를 시작했다. 전세 낀 투자였는데, 주택자금 대출이 원활하던 시기라 무리 없이 압구정동의 소형 아파트 한 채를 살 수 있었다. 첫 번째 투자 이후 아파트 가격이 오르면서 두 번째 갭 투자도 진행했다. 서초구 잠원동의 소형 아파트였다. 전세 끼고 두 채의 강남 아파트를 소유하게 된 부부는 건물주를 향한 본격적인 행보에 돌입했다. 이들이 맨 처음 한 일은 두 채의 강남 아파트를 담보로 마련한 2억 원으로 서울 변두리의 땅을 매입한 것이다. 부부는 매입한 땅에 원룸 빌라를 신축했고, 직접 분양해 공실 없이 빌라 임대 수익을 올리고 있다. 현재 빌라의 매매 가치는 19억 원 정도다.

부부는 원룸 빌딩을 담보로 두 번째 건물주에 도전했다. 강남 빌라 건물을 매입한 후 근생 건물로 용도를 바꿔 투자 수익을 높이겠다는 전략을 세웠고, 시세 46억 원 상당의 빌라 주택을 매입했다. 가진 돈이 없어 기존 빌라 건물과 아파트를 담보로 투자금을 마련했다. 그사이 아파트 가격이 올라 담보 가치가 상승했고, 그만큼 더 대출을 받을 수 있었다. 초반에 갭 투자한 두 채의 강남 소형 아파트에서 추가 담보대출금을 마련한 후 여기에 기존 원룸 건물을 담보로 대출받아 총 5억 원의 자금으로 46억 원짜리 강남 빌라 건물을 매입한 것이다. 이들은 건물주가 될 때마다 레버리지를 최대한 활용했고, 건물 운영 수익으로 은행 이자를 감당했다. 부부는 은행에서 추가로 17억 원의 공사 대금을 대출받아 두 번째 매입한 강남의 빌라 건물을 신축했다. 46억 원의 매입 비용과 17억 원의 공사 비용을 투자했으니 강남 건물의 투자금은 총 60억 원이다.

원래 주택 용도였던 빌라는 근생 건물로 신축했는데, 현재 이 건물의 시세는 약 85억 원이다. 첫 번째 건물에 자기 자본금 2억 원, 두 번째 건물에 자기 자본금 5억 원을 투자해 각각 19억 원, 85억 원 상당의 건물주가 된 것이다. 만약 이 건물을 매각해 은행 이자와 각종 비용을 제외하면 약 20억 원의 투자 수익을 올릴 수 있다. 불과 1년 만에 20억 원가량의 투자 수익을 올린 부부는 현재 세 번째 건물 매입을 계획 중이다. 이들의 목표는 시세 100억 원 상당의 건물주가 되는 것이다. 무일푼으로 서울에 상경한 지 10년 만에 100억 원대 건물주를 눈앞에 두고 있다.

전 재산을 쏟아부은 과감한 투자, 리스크를 두려워하지 않는 태도, 부지런하고 알뜰한 생활 습관 등이 투자를 성공으로 이끈 요인이다. 아는 만큼 실행에 옮기면서 할 수 있는 일은 직접 처리하는 등 몸을 아끼지 않았다. 기회와 운, 주변 지인 찬스 등 다양한 조건이 작용했지만 결국 실행력이 주효했다고 볼 수 있다.

[이후 이야기]

이 부부는 2023년 신축 건물을 100억 매각에 성공했다. 하지만 만류에도 불구하고, 기존 경험에 자신감이 지나쳐 신사동 가로수길 이면에 다시금 건물 신축에 도전했다. 이 건물은 2024년 3분기까지 임대가 맞춰지지 않아 부부는 애를 먹고 있는 상황이다. "여유가 필요했다."

단타 수익을 꿈꾸는 '초단기 투자형'

부동산이나 건물 투자에 전혀 관심이 없다가 갑자기 큰돈이 생겨 단타 수익을 꿈꾸며 건물 투자에 발을 들이는 사람도 있다. "건물이 돈 된다"라는 주변 사람들의 부추김에 반응하는 것으로, 무조건 좋은 건물을 사야 한다고 말하지만 진짜 좋은 건물을 알아보는 이는 많지 않다. 한편으로는 돈이 많다는 것을 자랑하고픈 심리도 숨어 있다. 서울 요지에 건물 한 채 정도는 거뜬히 구입할 만한 재력가라는 것을 뽐내고 싶은 것이다.

어떤 목적으로 사용할지, 어느 지역의 건물을 원하는지, 얼마나 보유할지, 매각은 언제 할지 등 꼼꼼한 세부 계획이 필요하지만 별 관심이 없다. 이들은 투자 마인드가 불확실하기에 가장 위험한 투자자로 불린다. 실제로 이들은 위험한 상황에 자주 놓인다. 수수료 챙기는 데에만 급급한 중개업자를 만나면 팔기 힘든 애물단지나 수익률이 낮은 건물을 추천받기 십상이다. 어떻게 해서든 건물을 팔려는 '업자'에게 좋은 먹잇감이 될 수 있다. 간혹 화끈한 투자 결정으로 성공하는 사례도 있다. 이들에게 필요한 것은 요행을 기대하기보다는 정공법으로 접근하는 자세다.

Case Study 3

100억 원 건물주를 꿈꿨지만, 2년간 헛물켜다 실패

S는 지방에서 특수 농작물 사업으로 단기간에 큰돈을 만지게 되었다. 갑자기 생긴 목돈을 어떻게 투자할지 고민하던 중 지인에게 "서울의

건물 투자 비밀 노트 개정판

건물을 사면 큰돈을 만질 수 있다"는 이야기를 들었다. 서울로 이주할 생각은 없지만, 큰돈을 만질 수 있겠다는 생각에 건물 투자를 결심한다. 그에게 서울 요지의 건물 투자는 일종의 로또인 셈이다.

대박을 꿈꾸며 서울로 올라왔으나, 제대로 된 건물을 알아보는 안목이 부족한 S는 매번 투자 기회를 놓쳤다. 그는 허름한 외형의 건물에는 눈길도 주지 않았고, 무조건 역세권만 고집했다. 게다가 100억 원대 건물을 매입할 수 있는 예산으로 늘 150억 원대 수준의 건물을 원했다. 눈높이가 다르니 거래가 제대로 성사되기란 불가능했다.

결국 그는 고향과 서울을 오가며 2년 가까운 시간을 허비했다. 이런저런 이유로 매입을 거절한 90억 원 건물이 현재 130억 원에 팔리는 것을 지켜본 S는 땅을 치고 후회했다. 그가 놓친 건물 대부분이 적게는 20%, 많게는 50% 정도 가격이 올랐다. 하지만 S는 여전히 건물을 사지 못한다. 처음 사려던 시점의 가격이 기억속에 남아 있으니 지금은 너무 비싸다는 생각에 선뜻 건물을 매입하지 못하는 악순환이 계속되는 것이다.

Case Study 4

시세 80억 원 건물 매입 후 120억 원 건물주로 승승장구

코로나19 사태로 온라인 쇼핑몰 시장이 급성장하면서 목돈을 만지게

된 C 부부. 이들은 강남의 고급 빌라에 입주한 뒤 이웃들의 건물 투자 경험을 공유했다. 친분이 생긴 이웃의 추천으로 건물 매입에 나선 이들은 건물 매매 전문 컨설팅업체를 통해 두 개의 건물을 추천받았다.

바로 현장 답사에 나선 부부는 마음에 드는 건물 하나를 점찍어 매입 의사를 밝힌다. 보통 건물을 매입할 때는 시작부터 최종 결정하기까지 수개월이 걸린다. 심지어 몇 년에 걸쳐 건물을 매입하는 경우도 있다. 하지만 부부는 일주일 만에 건물을 매입하는 과감한 결단을 내렸다. 투자금 10억 원에 나머지는 은행 대출을 이용해 시세 80억 원의 건물을 매입한 후 곧장 리모델링에 돌입했다. 현재 신축 오피스 빌딩으로 재탄생했으며, 120억 원의 시세를 형성하고 있다.

이 경우 빠른 투자 판단이 유효했음은 물론, 운도 많이 따랐다. 좋은 건물을 적절한 타이밍에 매입해, 리모델링과 새로운 MD 구성으로 건물 가치를 높일 수 있었다. 10억 원을 투자해 1년 만에 120억 원 건물을 소유한 흔치 않은 사례다.

[이후 이야기]
부부는 현재 이 건물에 대해 130억 원 매각을 제안받고 고민했지만, 조금 더 보유하기로 결정하고 느긋하게 시장을 지켜보고 있다.

준비된 투자자 '재벌형'

여유 자금이 넉넉해 마음에 드는 건물을 초단기간에 매입할 수 있는 능력자다. 직접 정보를 수집하거나 발품 파는 대신 주변에서 조언해주는 사람이 많고, 이들이 물어오는 고급 정보를 향유한다. 의심이 많고, 사람을 떠보며, 사람을 잘 믿지 않고 쉽게 마음을 내주지 않는 등 재벌 특유의 기질도 있다. 아랫사람끼리 경쟁하게 만들어 사업의 균형을 유지하기도 한다. 이런 재벌형 자산가들은 전적으로 자신의 판단만을 믿으며 타인의 의견은 참고할 뿐이다.

재벌형 투자자의 가장 큰 장점은 규모와 금액에 상관하지 않고 투자할 수 있다는 것이다. 투자 규모가 큰 만큼 수익금도 막대하다. 평소에는 신중한 투자 면모를 보이지만, 투자 물건이 나타나면 동물적 감각으로 재빨리 낚아채는 능력이 있다. 수많은 경험을 통해 얻은 혜안으로 선별 투자가 가능한, 항상 준비된 투자자다.

일사천리 '나 홀로 투자'

오히려 개인은 건물 투자를 비교적 쉽게 진행할 수 있다. 가장 중요한 점은 마음에 들어야 한다는 것이다. 그것이 건물일 수도, 컨설팅 업체 일 수도 있다. 마음 내키는 조건이 충족되면 곧바로 투자를 감행한다. 혼자 판단을 내리기 때문에 의사 결정을 하는 데 시간이 오래 걸리지 않고, 그 과정에서 외부 개입 요소도 적은 편이다.

검토할 것이 많은 '법인 투자'

개인에 비해 법인은 건물을 매입하기까지 지난한 과정을 거친다. 관련된 사람도 많고, 무수한 단계와 절차를 밟는다. 실무자가 현장을 다니며 자료 조사 보고서를 올리면 팀장, 팀장에서 다시 임원, 임원은 다시 대표에게 보고한다. 이 과정에서 끊임없이 수정하고 재확인하며 내용 변경이나 방향 전환 등이 이루어진다. 시간이 오래 걸릴 수밖에 없다.

또 법인 투자의 경우 건물을 매입하기로 결정했을 때보다 실제 매입 시점의 경영 사정이 악화될 수도 있다. 경기가 좋아지지 않거나 관련 산업계가 침체에 빠지면 건물 매입은 난항을 겪기 마련이다. 따라서 법인 투자의 핵심은 최대한 시간을 단축할 수 있는 방법을 찾는 것이다. 그렇지 않으면 이런저런 변수에 휘둘리기 십상이다.

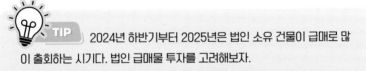

TIP 2024년 하반기부터 2025년은 법인 소유 건물이 급매로 많이 출회하는 시기다. 법인 급매물 투자를 고려해보자.

분명한 목표가 중요한 '소액 투자자 집단'

최근 소액 투자자 집단의 건물 투자 건수가 늘고 있다. 혼자 건물에 투자하기에 자본금이 부족할 때 주로 이용하는 방식이다. 가족이나 친지 또는 친구나 동료 등 믿을 만한 사람끼리 모여 부동산 투자 법인을 만들거나 펀드 투자 형식으로 건물을 매입한다. 이런 경우의 문제는 '사공'이 많아 배가 산으로 갈 수 있다는 점이다. 투자에 찬성하는 사람들과 반대하는 사람들이 갈리기 일쑤고, 의견을 하나로 모으기 어려워 매입이 불발되기도 한다.

소액 투자자 집단은 신속하게 투자 결정을 할 수 있는 방법을 찾는 것이 중요하다. 결정권을 한 사람에게 몰아주는 것도 방법이며, 처음부터 확실하게 계획을 세우는 것도 중요하다. 예산, 목표, 방향 등 계획이 구체적일수록 투자하기가 쉬워진다. 소액 투자자 집단이 가장 경계해야 할 것은 막연함이다. '돈 되는 물건이면 상관없다' 또는 '투자할 만한 지역이면 된다'는 식으로 두루뭉술하게 접근해서는 건물 투자에 성공할 수 없다.

Case Study 5

네 명이 의기투합했지만, 1년째 회의 중

같은 대학 선후배 사이인 성형외과 원장 네 사람이 강남 건물에 투자하기로 의기투합했다. 이들은 각각 40억 원씩 투자 비용 200억 원을 마련한 뒤 건물을 보러 다녔다. 건물 매입 목적은 크게 두 가지다. 자신들이 운영하는 병원이 입주할 수 있어야 하고, 투자 매력도가 높을 것.

이 단순해보이는 투자 원칙은 매입을 코앞에 둔 시점에서 번번이 무산되었다. 네 사람의 의견을 하나로 통합하기란 거의 불가능했다. 세 사람이 마음이 들어도 나머지 한 사람이 비싸다고 반대하면 건물 매입은 수포로 돌아갔다. 입지가 마음에 들지 않아서, 건물이 너무 낡아서, 투자 가치가 없어서, 교통이 불편해서 등 누군가 한 사람은 건물을 매입할 수 없는 조건을 내세웠다.

결정을 쉽게 내리지 못하는 사람들의 전형적 특징으로, 매번 살 수 없는 조건만 찾아내 투자를 회피한다. 1년 전 이들이 매입하려던 250억 원 건물이 현재 400억 원 시세다. 350억 원 하던 건물은 현재 호가 480억 원이다. '사공이 많으면 배가 산으로 간다'는 이치는 건물 투자에도 해당된다. 이들은 아직도 건물을 사지 못하고 있다.

멤버는 아니지만, 이들의 답답한 행보를 옆에서 지켜보던 또 다른 친구는 오히려 옆에서 수집한 정보를 바탕으로 건물을 하나 매입했다. 들은 이야기가 많아 투자에 감이 생겼고, 무엇보다 혼자 결정할 수 있었기에 매입이 쉬웠다. 투자금과 은행 대출을 통해 60억 원 건물을 매입했고, 현재 이 빌딩은 80억 원 시세를 형성하고 있다.

건물 투자를 결심했다면 어떻게 실행에 옮길 것인지 고민할 필요가 있다. 특히 여럿이 모여 집단 투자를 할 경우 결정을 내릴 수 있는 방법론을 찾는 것이 필수다.

건물 투자 비밀 노트 개정판

영원한 대물림을 위한
건물 부자의 진화 단계

조물주보다 높은 건물주가 된 사람들을 지근거리에서 지켜보다 보면 부가 어떻게 쌓이는지 감을 잡을 수 있다. 이들의 특징은 신속하면서도 차근차근 단계를 밟아가며 짜릿한 수익의 기쁨을 경험하지만, 이에 머무르지 않고 진화한다.

사례 위주로 공부하는 '시작 단계'

첫 단계는 사례 위주로 공부하는 것이다. 시간을 충분히 투자해야 하고 건물 입지, 목적, 투자 기간, 자본력, 자산 관리 현황 등을 다각도로 살펴본 뒤 세밀하게 분석한다. 투자가 어떻게 진행되는지, 각 단계별로 필요한 것은 무엇인지 등 과정이 제대로 진행되지 않으면 투자 기간 내내 힘들어진다. 건물 투자에는 반드시 워밍업 기간이 필요한데, 시작 단계를 통해 투자의 첫 단추를 잘 꿰어야 한다.

실전에 돌입하는 '경험 단계'

본격적으로 건물을 보러 다니면서 실제로 투자하는 단계다. 건물을 탐방하며 비슷한 조건의 주변 다른 건물과 비교하는 등 건축물과 관련한 내용을 자세히 파악한다. 건물의 장단점, 건물 보는 법 등을 배우며 현장 감각을 익힌 후에는 건물 매입에 도전한다. 전문가나 컨설팅업체의 도움을 받을 수도 있고, 잘 짜인 계획을 바탕으로 투자를 진행한다. 경험 단계에서는 첫 번째 건물을 매입한 후 3~5년 정도 지속하는 것이 보통이다. 최대 5년 정도 투자 경험을 쌓은 뒤 그다음 스텝을 밟는다.

자산을 키우는 '점프 단계'

건물 투자를 경험했으니 이제 본격적으로 자산을 늘릴 차례다. 보유 중인 건물을 매각할 것인지, 대출을 발생시키는 시드머니(Seed Money)로 활용할 것인지 결정하는 단계이기도 하다. 자신의 조건이 가장 중요하겠지만, 실상 이 단계에서 가장 필요한 것은 투자 마인드와 목표다. 목표가 50억 원짜리 건물주라면 이 목표를 가장 빠르고

건물 투자 비밀 노트 개정판

효율적으로 달성할 수 있는 방법을 찾아야 한다.

점프 단계는 안주형과 도약형으로 나뉘는데, 안주형은 건물 임대 수익으로 안정적 생활을 누리는 데 만족하는 것이다. 이들은 건물을 다시 매입하기보다 소유한 건물의 관리에 초점을 맞춰 임대 수익 상승에 힘쓴다. 도약형은 새로운 건물 매입에 관심을 기울이며 지속적인 투자로 자산을 늘리는 유형이다.

수백억 건물주의 탄생 '성장 단계'

경험 단계에서 짭짤한 투자 수익을 맛본 이들이 공격적 투자자로 진화하는 단계다. 이들은 더 큰 투자 수익을 위해 리스크를 무릅쓰고 투자를 감행하는데, 건물 매각에 따르는 양도세 등 각종 세 부담을 줄이기 위해 기존 건물을 보유하면서 담보대출을 활용하는 전략을 쓰기도 한다. 첫 번째 건물을 담보로 대출받아 두 번째 건물을 매입하고, 두 건물에서 시세 상승이 발생하면 다시 이를 담보로 세 번째 건물을 매입하는 식이다. 이렇게 투자를 이어가다 결정적 순간이 오면 모두 매각한 후 똘똘한 한 채로 갈아탄다. 수십억 건물주에서 수백억 건물주로 바뀌는 것이 바로 이 시점이다.

대를 이으며 '지키는 단계'

평생 동안 일군 자산을 지키는 데 집중하는 단계다. 이때 증여와 상속이 중요한 이슈로 등장한다. 여러 채에 분산 투자했다면 한 채로 모은 후 자손들에게 효율적으로 나눠줄 수 있는 방법을 고민한다. 법인으로 구매했다면 지분 증여나 주식 증여 등 세금을 아낄 수 있는 방법을 찾는다.

이 과정은 특히 오래 걸리므로 최소 5~10년 정도 미리 시작해야 하며, 60대에 들어서면 새롭게 투자하기보다는 승계를 준비하는 것이 맞다. 현재 우리나라는 40%의 증여세를 부과하고 있다. 힘들게 모은 재산이 반토막이 나는 만큼 최대한 지킬 수 있는 방법을 찾아야 한다.

상속이나 증여를 받은 자손들은 다시 초보 투자자가 되어 건물 투자를 시작한다. 건물 투자는 이런 식으로 대를 이어가며 지속된다.

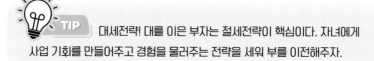

TIP 대세전략! 대를 이은 부자는 절세전략이 핵심이다. 자녀에게 사업 기회를 만들어주고 경험을 물려주는 전략을 세워 부를 이전해주자.

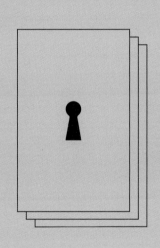

Part 4

실전 편 1 :
건물 투자,
어떻게
시작해야 할까?

01

구체적인
투자 계획을 세우자

부동산에 투자할 때 향후 어떤 일을 겪게 될지, 리스크는 무엇인지 제대로 설명해주는 곳은 없다. 최소 수억 원에서 많게는 수천억 원의 돈이 오가는데도 투자자 스스로 모든 것을 알아서 해야 하는 구조다. 따라서 초보 투자자일수록 정보를 모으고 구체적인 투자 계획을 세운 후 시작해야 한다.

은행에서 펀드 투자를 한다고 가정해보자. 담당자는 상품 설명서를 건네며 세세한 설명을 곁들일 것이다. 설명을 다 듣고 펀드 투자를 결정한 후에는 각종 서류 작업이 기다리는데, 서명해야 할 서류가 많아 놀라기도 한다. 은행은 '손실이 발생하는 건 전적으로 투자자의 책임'이라는 것을 명확히 하기 위해 이렇듯 복잡한 과정과 절차를 밟는다. 투자자 입장에서는 리스크에 관한 설명을 듣고 보다 신중하게 투자 결정을 내릴 수 있다.

건물 투자는 어떨까? 초보 투자자의 경우 오히려 안전한 투자가 가능하다. 스스로 시장을 잘 모른다고 생각해 전문가를 찾아 조언을 구하기 때문이다. 지역 분석, 상권 분석, 정책 & 개발 호재 점검, 세금 점검 등 전문가가 컨설팅해주는 내용을 잘 듣고 따라가다 보면 리스크가 생길 확률이 상대적으로 낮아진다.

가장 위험한 투자자는 건물 투자에 한두 번 성공한 사람이다. 이런 투자자일수록 '다 알고 있다'는 태도로 일관한다. 시간이 지나 투자 성패가 판가름 나면 '다 알고 있던' 투자에서 문제가 발생하는 경우가 많다. 결국 책임은 첫 단추를 잘못 꿴 투자자가 질 수밖에 없다.

건물 투자는 인생을 거는 투자다. 자금 규모도 크고 시장이 움직이는 방식도 복잡해 개인 경험에만 의존해 판단하기에는 위험하다. 그래서 건물 투자를 할 때는 겸손해야 한다. 거래를 진행할 때마다 배운다는 자세를 가져야 한다. 여러 번 투자해도 매번 새로운 도전이 기다린다는 점을 잊지 말자.

투자 지역과 수익률 고려

내가 살 집을 고를 때는 출퇴근이 편한지, 아이 학교와 가까운지, 앞으로 얼마나 오를 것인지 등 여러 요소를 살펴서 결정하게 된다. 이때 판단의 중요한 잣대가 되는 것은 '선호하는 지역'인지 여부일 것이다. 좋아하지 않는 지역인데 단순히 조건만 보고 살 집을 결정하는 경우는 많지 않다.

건물을 구입할 때는 선호하는 지역에 연연하면 낭패를 볼 수 있다. 수익이 날 수 있는지 꼼꼼히 따져봐야 한다. 건물 투자에서 항상 중요한 것은 수익률이다. 공실 없이 안정적인 임대 수익을 내는지, 비싸게 되팔 수 있는지 등을 꼼꼼히 살펴봐야 한다. 건물 투자를 할 때는 평소 관심이 없는 지역이라도 중요한 개발 호재가 있거나 투자 목표에 맞는 물건이 등장하면 동네 가리지 않고 투자하는 것이 진리다.

하지만 대부분의 건물 투자자는 자신이 잘 아는 지역, 현재 살고 있거나 과거에 살던 곳 또는 직장이나 비즈니스로 자주 오가던 지역에 관심을 갖는다. 물론 장점이 없는 것은 아니다. 그 지역에 익숙하니 상권이나 유동 인구 등을 파악하는 데 유리하고, 사는 곳과 가까워 자주 오가면서 관리할 수도 있다.

강남에 사는 투자자는 근처 지역이 아니면 쳐다보지도 않는 경향이 있다. 강남 지역의 건물 경쟁이 치열하고 수익률도 떨어지는 이유다. 서울 외곽 지역이라도 잘 살펴보면 알짜배기 물건을 찾을 수 있다. 자신이 모르는 지역 또는 선호하지 않는 지역이라도 좋은 조건으로 매입이 가능한 건물이 있다면 관심을 기울여야 한다.

핵심은 철저히 투자 관점에서 건물을 바라봐야 한다는 것이다. 교통·상권·입지를 중요한 판단 요소로 놓고 이를 바탕으로 수익률·세금·관리 부분을 살펴 성공 가능성 여부를 따져야 한다.

건물 투자 비밀 노트 개정판

건물의 수익 구조를 미리 파악한다

건물에서 수익이 창출되는 구조는 크게 두 가지로 나뉜다. 먼저 순수하게 임대 소득이 있다. 건물 임대 소득은 투자금 100%를 온전히 활용한 수익이다. 무슨 말인가 하면, 30억 원 상당의 건물을 사서 모두 임대할 경우 월 1,200만 원의 수익이 발생한다(임대 수익률 4%). 건물 가격 30억 원 전액이 월세 수익을 내는 데 활용되는 것이 건물의 수익 구조다.

아파트는 전세 또는 월세로 수익이 창출된다. 월세는 전세 가격을 기준으로 산정하므로 매매 시세 30억 원 아파트의 전세 시세는 약 20억 원, 이를 기준으로 계산하면 월세 약 800만 원을 받을 수 있다(수익률 4% 적용 시). 요즘은 전세가율이 2.5%로 낮아져 월 500만 원 정도로 떨어지는 추세다. 건물 임대 수익과 비교하면 엄청난 차이다. 아파트도, 건물도 같은 30억 원 시세인데 이런 차이가 발생하는 이유는 기본적으로 건물이 수익형 부동산이기 때문이다. 아파트는 제아무리 월세를 많이 받아도 시세 30억 원이 모두 월세 산정에 포함되지 않는다. 나머지 10억 원은 어떤 용도로도 사용되지 않는 이른바 '잠자는 돈'이 된다. 하지만 건물은 매매가격 30억 원 전액이 임대 수익을 올리는 데 쓰인다.

아파트와 건물은 수익 구조가 전혀 다름에도 많은 사람이 이 점을 간과한다. 건물은 자산을 투자했을 때 그 금액이 모두 수익 창출에 활용되어 그 어떤 부동산과 견줘도 수익률이 월등히 높다는 것을 알 수 있다.

　건물에서 수익이 창출되는 두 번째 구조는 법인이 자사 소유 건물의 일부를 사용하고 나머지는 임대를 주는 경우다. 사업하면서 타인의 건물을 임차할 경우 통상 연 4%의 임대료가 발생한다. 따라서 100억 원에 해당하는 면적을 임대했다면 월 3,300만 원의 임대료를 내야 한다. 그런데 건물을 직접 매입해 사용하면 임대료 대신 100억 원만큼의 은행 이자만 내면 된다. 만약 은행 이자가 2.5%라면 월 2,500만 원의 이자가 발생한다. 타인의 건물에서 3,300만 원의 임대료를 낼 바에야 건물주가 되어 은행 이자 2,500만 원만 감당하면 월 800만 원을 고스란히 절약할 수 있다.

　또 자신이 사용하는 공간 외 나머지 공간을 임대주면 이곳에서 발생하는 임대 수익 역시 건물 수익이며, 나중에 되팔 때 건물 가격이 상승하면 이 또한 투자 수익으로 잡힌다. 이처럼 법인이 입주하면서 임대를 놓는 경우 높은 투자 수익을 기대할 수 있어 건물 매입이 증가하고 있다.

연령별로 투자 성향도
달라진다

보통은 사람을 처음 만나면 가장 먼저 나이를 물어본다. 나이로 위아래를 구분하기 위
해서라기보다 그 사람이 처한 상황을 가장 직관적으로 설명하는 것이 나이이기 때문
이다. 직장 생활이 자리 잡으면서 슬슬 투자를 고민하는 30대, 어느 정도 총알을 갖춘
40~50대, 은퇴를 앞두고 노후를 생각하는 60대까지. 처한 상황에 따라 투자 성향도
달라진다.

30~40대 초반 투자자 '하이리스크 하이리턴형'

부동산에 일찌감치 눈을 뜬 30~40대 초반 투자자들은 '하이리스
크 하이리턴(High Risk High Return)'의 투자 성향을 보인다. 막 사회생활
을 시작하거나 왕성한 활동 단계에 접어드는 시기로, 아직 젊기 때문
에 모험을 감행하는 데 두려움이 적다.

기초 투자 자산인 시드머니를 확보하고 있으며, 돈 불리는 것을 최

우선 목표로 삼는다. 이들의 투자 성향을 한마디로 정리하면 '공격형'이다. 대부분의 투자자처럼 강남을 선호하지만 개발 호재가 있거나 역세권의 입지 좋은 곳이라면 익숙지 않은 지역이라도 상관하지 않는다. 좋은 이슈만 있다면 지방도 가리지 않으며, 낡고 노후한 건물을 사들여 리모델링이나 신축을 통해 투자 수익률을 높일 줄 아는 유형이다.

열정적 투자자는 신축이나 리모델링을 직접 진두지휘하기도 한다. 힘든 과정이지만 성공하겠다는 의지가 강하고 부지런해 좋은 결과물을 내기도 한다. 정보를 수집하는 데에도 매우 적극적이고, 임대 수익 외 건물의 투자 수익률을 높이기 위해 애를 많이 쓴다. 이런 사람들에게는 투자 기간이 짧아도 높은 수익률을 기대할 수 있는 상업지역의 건물이 적합하다.

하이리스크 하이리턴형의 단점은 거액의 손실이 발생할 수 있다는 점이다. 시드머니도 충분하지 않아 리스크 헤지 장치도 약하다. 그러나 아직 젊기 때문에 혹시 실패하더라도 다시 시작하거나 도전할 시간이 충분하다. 시간이 지나면서 최고 부동산 투자가로 성장할 가능성이 크다.

40대 후반~50대 초·중반 투자자 '실속 투자형'

건물 투자를 가장 많이 하는 이들은 40대 후반에서 50대 초·중반 투자자다. 직접 모았든 상속을 받았든 자산이 넉넉한 편이며, 이 자산을 재투자하기 위해 부동산에 관심이 많다. 아파트나 주택, 건물에 투자한 경험도 여러 번 있다. 세금 변화에 민감하고 정부 정책을 주시하며 발 빠르게 대응하는 편이다. 투자 계층이 두껍고, 구매력도 뛰어난 집단이다.

이들의 특징은 한마디로 '실속형'이다. 리모델링이나 신축해야 하는 낡고 오래된 건물보다는 깔끔하고 손이 덜 가는 건물을 선호한다. 안정적 임대 수익이 발생하고, 임차인 관리 등 건물 유지·보수가 어렵지 않으며, 시세 차익도 원하는 등 종합적 투자 수익을 노린다. 자금이 넉넉해 리스크를 적절히 관리할 수 있으며, 건물 선택의 폭이 가장 넓다.

은퇴한 투자자 '안정적 임대 수익형'

노후를 평온하고 안정적으로 보내고 싶은 은퇴자나 60대 이상이 추구하는 투자 방식이다. 이들은 공격적 투자를 꺼린다. 자본금 손실이 발생하면 만회할 시간도, 방법도 많지 않기 때문이다. 가장 중요한 것은 안정성이다. 공실이 발생하지 않아야 하며, 임대료가 지속적으로 들어와야 한다. 이처럼 안정적인 물건은 가격이 비싼 대신 임대료가 낮으므로 투자 수익률 측면에서는 그리 효율적이지 않다. 하지만 경기에 휘둘림 없이 끊임없이 수익을 창출한다는 면에서 투자 가치가 있다.

이 같은 유형에 맞는 투자처는 이른바 '항아리 상권'이다. 주택이나 빌라, 아파트 단지가 둘러싼 주거지 상권이 대표적 항아리 상권이다. 유동 인구 변화 폭이 적고, 상권의 부침이 덜하다. 높은 주거 밀집도와 더불어 주변에 관공서나 병원, 학교나 학원 등이 조성되어 복합 상권을 형성하고 있다. 이런 곳은 임대료가 낮아도 지속적인 매출이 발생하기 마련이다.

은퇴한 사람들이 건물에 투자할 때는 세금뿐 아니라 상속이나 증여에도 관심을 기울여야 한다. 건물을 매입하고 나서 계획을 세우면 너무 늦다. 처음부터 상속과 증여 계획을 짠 후 건물 매입을 고려해야 효율적인 승계 작업이 가능하다.

Case Study 6

8억 원으로 70억 원 건물 매입한 '하이리스크 하이리턴 투자'

누구도 거들떠보지 않던 건물에 과감하게 투자해 큰 수익을 낸 사례다. 투자 대상은 강북 역세권, 대학가 근처에 있는 5층 건물이다. 유동화 자산 신탁회사가 보유하던 매물로, 파산한 법인 건물이 경매로 나온 것을 거둬들인 것이다. 신탁회사는 차익을 남기고 건물을 매각해 수익을 거두는 사업 방식을 고수하는데, 이 건물은 시장에 매물로 내놓은 지 꽤 오래 되었음에도 사려는 사람이 없었다. 좋은 입지를 갖췄지만, 일반 투자자의 눈에는 문제투성이 건물로 보였기 때문이다.

첫 번째 문제는 파산한 법인 건물의 경매 물건이다 보니 부동산 등기부 등본의 근저당 설정 기록이 상당히 복잡한 것이었다. 붉은 줄이 계속 그어져 있어 매입자 입장에서는 위축될 수밖에 없다. 잘 모르는 사람이 보면 건물 소유권을 두고 큰 문제가 발생할 것 같은 불길한 예감도 든다.

두 번째 문제는 건물의 대지 형상이다. 비정형 대지일 뿐 아니라 건물 앞 도로와 면한 부지는 옆 건물 땅과 맞물려 있었다. 건물 정면에서 보면 주차장으로 들어가는 통로 외 부분은 옆 건물 땅처럼 보인다. 실제로 이 건물은 성냥갑을 이어 붙인 형태로 지었는데, 비정형 대지 형상에 맞추다 보니 그렇게 된 것이다. 복잡한 대지 형상에 뾰족한 건물 형태라 일반 투자자 입장에서는 또다시 겁을 먹을 수밖에 없다.

건물주의 파산 내용도 문제였다. 우리나라에는 오래전부터 "망한 사람이 살던 집은 사는 게 아니다"라는 미신이 있다. 이런 소문에 휘둘리는 사람들이 투자를 기피한 것이다. 그런데 다양한 문제로 매각에 난항을 겪던 물건이 제대로 임자를 만나자 순식간에 알토란 같은 수익을 내는 효자 건물로 변했다. 투자자는 어떤 면을 보고 건물을 매입한 것일까?

등기부등본상에 나타난 각종 근저당 설정은 유동화 자산 신탁회사가 완벽히 정리한 후 매각하는 것이 일반적이다. 투자자 입장에서는 오히려 더 깨끗한 물건을 살 수 있다. 등기부등본 기록 때문에 겁먹은 투자자에게 이런 사실을 제대로 설명해주는 전문가가 있다면 큰 문제가 되지 않는다.

비정형 대지 역시 건축법만 알면 쉽게 해결할 수 있다. 우리나라는 토지 점유자가 20년 이상 아무 문제없이 땅을 사용 중이면 자신의 땅이라고 주장할 수 있다. 이 건물이 20년 이상 땅을 점유했으니 충분한 권리를 확보한 셈이다. 옆 건물은 당시 오피스 빌딩으로 신축 공사를 진행하고 있었다. 땅 자체가 쓸모없어 기부 체납으로 땅을 내놓고 용적률 혜택을 받는 것이 훨씬 이득인 상황이었다. 결국 이 땅도 별 탈 없이 해결되었다. 마지막으로, 망한 사람이 살던 건물이라는 미신은 현실적 이익을 좇는 투자자 입장에서는 전혀 문제되지 않았다.

결국 투자자는 건물의 약점을 장점으로 승화해 주변 시세보다 30% 저렴한 가격에 건물을 매입했다. 자기 자본금 8억 원과 은행 대출을 받아 70억 원에 건물을 산 후 공사비를 추가로 대출받아 재건축을 진행했다. 성냥갑처럼 뾰족하던 빌딩은 직사각형의 매끈한 건물로 탈바꿈했다. 층수는 변함없지만 옥상의 난간을 높게 디자인해 외부에서 보면 규모가 좀 더 커진 듯한 후광 효과도 덤으로 얻었다. 현재 이 건물은 120억 원의 시세를 형성하고 있다. 불과 1년 만에 50억 원의 시세 차익을 기대하게 된 것이다. 전문가의 조언을 믿고 여러 가지 악재를 호재로 바꾸는 데 성공한 경우다.

직업이 다르면
투자 방식도 다르다

어떤 사람들이 건물에 투자할까? 월급쟁이부터 사업가, 공무원이나 전문직 등 각각의 직업별로 투자하는 방식과 특징이 다르다. 포인트는 부동산에 관심이 많다면 직업은 크게 중요하지 않다는 것이다.

대기업 직원, 공무원 등 월급 생활자

직장에 다니면서 부업으로 건물에 투자하는 사례가 늘고 있다. 대기업 직원이나 공무원 등 사회적으로 안정된 직군에 근무하며 일정 수준 이상 소득이 발생하기 때문에 어느 정도 자산을 형성했고, 부동산 투자에도 관심이 많다. 월급 생활자들은 은퇴 후 국민연금을 비롯한 개인연금 등 다양한 노후 보장 장치를 마련해 노후에 대한 불안감이 덜한 편이다. 현재 삶에 만족도가 높고, 소비 패턴과 생활 수준도 높다.

기본적으로 투자는 어떻게든 먹고살겠다는 생존 의지가 강하거나 부자가 되고 싶다는 열망이 강한 사람들이 성공하는 편이다. 반면, 이들은 투자의 기본 중 하나인 '위험을 무릅쓰는 능력'이 거의 없거나 있더라도 작다. 안정적 생활이 가능한 직장인의 경우 모험을 감행하기 힘들다는 단점이 있다.

일반적으로 공무원들은 직접 나서기보다 배우자 등을 통해 투자한다. 아이러니하게도 빤한 공무원 월급으로 먹고살기 힘들다며 부동산 투자에 매달리기도 하며, 이런 경우 성공률이 확실히 높다. 직장 생활을 하면서 건물에 투자하는 사람들의 비중은 전체 건물 투자자의 5% 남짓으로, 비율이 가장 낮다.

의사, 변호사, 회계사 등 전문직

건물 투자를 가장 활발하게 하는 집단은 이른바 '사'자로 통하는 직업군이다. 변호사, 회계사, 세무사 등 전문직 종사자는 건물 투자에 일가견이 있다. 각종 모임과 지인 등을 통해 건물 투자로 누가, 어떻게, 얼마나 많은 돈을 벌었는지 구체적 정보를 공유하면서 부동산이나 금융 관련 투자 정보에 발 빠르게 반응한다. 특히 자신이 담당하는 업무의 대부분이 돈과 연관된 일이기에 전문 부동산 투자자 못지 않은 시각과 혜안을 갖출 수 있다. 당연히 건물 투자에도 열심일 수밖에 없다. 어떤 이는 본업보다 부동산 투자에 더 적극적인데, 심지어 부동산 관련 전문업자로 나서기도 한다.

특히 의사들의 건물 투자가 늘고 있다. 건물 투자에 유리한 위치이기도 하다. 개인 병원을 운영하면서 임대료를 내기보다 건물주가 되어 기존에 내던 임대료를 은행 이자로 대체하면 차라리 건물을 사는 것이 낫다는 판단을 내리기가 쉽다. 따라서 매월 거액의 임대료를 내느니, 건물을 사서 병원을 운영하는 동시에 다른 층은 임대를 주어 수익률을 높이는 쪽으로 방향을 잡는다. 부동산 가격이 상승하면 건물을 비싼 가격에 되팔 수 있으니 꽤 짭짤한 투자 방식이다. 이들은 은행 대출을 받기에도 유리한 조건이라 상대적으로 낮은 이자에 높은 레버리지를 사용할 수 있다.

전문직은 공격적으로 투자를 감행하는 특징이 있다. 소득이 높아 리스크를 감당할 만한 여력이 충분하고, 주변에서 보고 듣는 사례가 많아 건물 투자를 두려워하지 않는다. 부동산 투자를 잘하는 직업 영순위로 꼽히는 이들은 건물 투자자의 약 30%로, 최근 빠른 속도로 늘고 있다.

개인 사업자나 자영업자를 비롯한 CEO

투자 잘하는 또 하나의 직업군으로 사업가를 꼽을 수 있다. 이들은 사 업체를 운영하거나 자영업자로 일하면서 일정 수준 이상 자산을 확보하고 있다. 회사 사옥으로 쓰거나 매장을 오픈하려는 목적으로 건물을 매입하는 비중이 높고, 사업 소득 못지않게 부동산 투자 수익도 높은 편이다. 사업 현장에서 익힌 남다른 비즈니스 감각이 부동산 투자로 연결되는 것이다.

하지만 이들에게는 시간이 많지 않다는 약점이 있다. 부동산 투자, 그중에서도 건물 투자는 시간과 노력이 많이 드는 편이다. 하지만 사업체를 운영하는 만큼 바쁜 시간을 쪼개 부동산에 투자하기가 어렵다. 투자에 적극적이긴 해도 실제로 건물에 투자하는 비중은 15% 내외다.

전문 투자가

부동산 투자를 가장 잘하는 집단으로, 사업가보다는 자본가에 가깝다. 다양한 부동산 투자 경험을 바탕으로 남다른 수완과 감각을 지녔으며, 자산도 충분하다. 자금력을 바탕으로 빠르게 판단하고 실행에 옮긴다는 특징이 있다.

부동산 투자에 남녀가 따로 있진 않지만, 남성보다는 여성이 부동산 투자를 잘하는 편이다. '강남 사모님'으로 불리는 이들이 대표적이며, 남편이 회사에 다니는 경우도 많다. 고민하고 따지는 데 시간을 낭비하지 않으며 건물이 마음에 들면 6개월 안에 실행에 옮긴다. 두 사람이 상담하면 그중 한 사람은 건물을 살 정도다. 전문적으로 투자를 해온 이들이라 건물 취득률과 투자 성공률이 매우 높은 편이다.

용도와 목적에
맞는 건물은 따로 있다

투자 목적이 분명하면 어떤 건물을 매입할지도 명확해진다. 매입 목적에 따라서는 상권이 발달하지 않은 지역이라도 투자가 가능하다. 자신의 사업이나 비즈니스용 매장이 필요한 경우 해당 상권이 형성된 곳의 건물을 매입하는 것이 좋다. 상가 주택은 거주 목적으로 구입하는 경우가 많다.

　건물 용도로 가장 선호하는 것은 병원이다. 임차인 퀄리티와 조건에 따라 임대료 산정 방식이 다른데, 병원은 임대료를 높게 책정할 수 있는 사업군이다. 스타벅스가 입점하면 이른바 '스세권'이 형성될 정도로 주변 지역에 영향을 미친다. 누구나 아는 유명 프랜차이즈가 입점해도 건물 가치를 높이는 데 큰 도움이 된다.

　반면 음식점, 술집, 분식집 등 이른바 서민형 임차인은 임대료를 높게 책정하기 힘든 데다 건물을 팔 때도 마이너스로 작용할 수 있다.

건물을 비싸게 팔고 싶다면 시간이 걸리더라도 매각에 유리한 임차인으로 구성해 건물 가격을 높이는 것이 좋다.

고시텔이나 원룸텔로 운영하도록 임대를 내주는 경우도 많다. 임대료가 높아 투자 수익률이 좋기 때문이다. 하지만 이는 건물 이미지에 부정적 영향을 미쳐 가격을 높게 책정하기 어렵다. 건물을 팔 계획이 있다면 타이밍에 맞춰 고시텔을 이주시킨 후 근생 시설로 용도를 변경 하는 것도 방법이다.

건물의 용도를 정하라

1. 상권 없는 역세권 : 법인 사옥용 건물

법인은 비즈니스를 하기 편한 곳, 접근성이 좋고 주차가 편리한 곳이라면 상권이 발달하지 않아도 구매하는 경향이 높다. 예로, 지하철 9호선이 지나가는 언주역이나 삼성중앙역 등은 강남 역세권이라는 입지에도 불구하고 이렇다 할 상권이 존재하지 않는다. 이런 입지에 자리한 건물은 법인 사옥용으로 적당하다.

회사의 위치는 직원 이직률에 영향을 줄 뿐 아니라 신규 직원을 채용할 때에도 영향을 미치기에 직원들이 출퇴근하기 적당한지, 주차는 편리한지, 근무 환경에 지장은 없는지 등을 고려해야 한다. 역세권 등 교통 상황이 충족된다면 건물 상태는 크게 중요하지 않다. 조건에 맞게 리모델링하거나 신축할 경우 건물 가격도 상승한다.

2. 해당 상권이 형성된 곳 : 개인 사업이나 매장용 건물

자신의 사업이나 비즈니스용 매장이 필요한 경우 해당 상권이 형성된 곳의 건물을 매입하는 것이 좋다. 건물 매입의 주요 목적이 매장 운영인 경우 장사에 유리한 입지인지 철저히 따져야 한다. 향후 땅값 상승 등 투자 수익을 앞세우다 정작 본업이 어려워질 수 있다. 관련 업종의 상권이 발달해 운영 수익을 높일 수 있는 곳을 최우선으로 삼는다.

3. 상가 주택 : 거주와 투자를 겸하는 건물

상가 주택은 거주 목적으로 구입하는 경우가 많다. 투자 자금이 많지 않을 때, 1가구 1주택인 경우 특히 유리하다. 건물주가 해당 건물에 거주하는 동시에 나머지 층에서는 임대료를 챙길 수 있다. 관리 역시 건물주가 직접 하는 경우가 많다.

상가 주택에 거주할 때는 주거 공간과 임대 공간의 비율이 중요하다. 2021년까지는 건물에서 주택이 차지하는 비중이 50% 초과인 경우 건물 전체를 주택으로 간주했다. 이 경우 장기보유특별공제 혜택을 누릴 수 있어 매매 시 투자 수익률이 껑충 오른다. 2021년 이후에는 주택으로 사용하는 비율만큼 장기보유특별공제 혜택을 누릴 수 있으니 상황을 잘 따져보고 절세 혜택을 누려야 한다.

4. 근생 건물 : 임대 & 투자 수익용 건물

빌라를 매입해 리모델링한 뒤 근생 건물로 용도를 변경하는 경우도 많다. 건물 형태로는 상가 주택과 비슷하지만 주거 목적보다는 임대 수익에 투자 포인트가 맞춰져 있으며, 리모델링이나 신축을 통해 매매 차익을 누리는 데 중점을 둔다. 주택으로 이용하다 매매 시점에서 근생 건물로 용도를 바꾸면 절세에 유리하다.

 TIP 법인으로 주택 매입시 취득세 중과세를 꼭 확인하자.

5. 일반 상업용 건물 : 직접 사용 & 임대용 건물

건물을 매입해 한두 개 층은 업무 목적으로 사용하고, 나머지 층은 임대를 놓을 수 있는 건물이다. 의사 등 전문직군이 많이 투자하는 유형이다. 실사용 목적에 부합하며, 임대 수익도 누릴 수 있고 향후 매매 시 투자 수익도 기대할 수 있다는 점에서 건물주가 되려는 투자자가 가장 많이 찾는 형태의 건물이다.

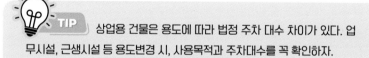 TIP 상업용 건물은 용도에 따라 법정 주차 대수 차이가 있다. 업무시설, 근생시설 등 용도변경 시, 사용목적과 주차대수를 꼭 확인하자.

05

예산에 따른 건물 투자법

가용 자산을 확인하는 것은 모든 재산을 탈탈 털어 건물을 매입하라는 뜻이 아니다. 예상치 못한 리스크가 발생했을 때 이를 방어하기 위한 자금으로 확보하기 위해서다. 건물 매입 후 계속 공실이 발생해 은행 이자를 감당할 수 없을 때 보험을 담보로 대출받을 수 있다면 최악의 상황은 피할 수 있다. 리스크까지 함께 반영해 투자 자금을 설계해야 건물 투자에 성공할 수 있다.

건물을 매입할 때는 자신이 투입할 수 있는 가용 자산을 토대로 다양한 은행 대출을 활용할 수 있다. 이때 가용 자산이라고 하면 '현금'만 떠올리는데, 현금 외에도 사용할 수 있는 자산이 많다.

가용 자산을 고려한 투자

1. 주택 등 부동산

보유한 집이나 토지, 상가 등이 있다면 담보대출을 받을 수 있다. 주택 구입은 은행 대출이 불가능하지만, 건물 대출은 여전히 가능하다. 매매가 20억 원 아파트를 전세보증금 12억 원으로 전세를 주고 있다면 나머지 자산에 대한 가치만큼 은행 담보대출을 받는 것이다.

2. 주식이나 스톡옵션

주식이나 펀드에 투자했다면 이를 담보로 대출이 가능하다. 주식 담보 대출 상품은 예탁한 주식을 담보로 평가액의 40~60%까지 대출해주는 서비스다. 여기에 비상장 회사의 스톡옵션 등도 대출이 가능하다.

3. 퇴직연금이나 보험

보험도 약관에 따라 담보대출을 받을 수 있으며, 퇴직연금이나 개인연금 등도 활용할 수 있다. 가입한 보험이나 연금이 어떤 것인지 미리 파악한 뒤 대출이 가능한지 알아본다.

자산에 따른 투자금 범위

1. 10억 원 미만 → 서울 외곽의 20억~30억 원 시세 건물

10억 원 자산이면 약 20억~30억 원 시세의 건물을 매입할 수 있다. 평당 3,000만 원 정도 가격이 형성된 지역으로, 서울 도심에서는 찾기 어려우니 외곽으로 투자 대상 지역을 넓혀야 한다. 은평구나 도봉구, 금천구 등이 후보지가 될 수 있다. 강동구에서는 평당 3,000만 원대 건물은 찾아보기 어렵고, 관악구에서는 신림동이나 보라매 공원 인근 지역을 제외한 관악산 아래 지역이 대상이 될 수 있다. 강서구 방화동 공항 시장 주변에는 평당 2,000만~3,000만 원대 노후 건물이 많아 투자 물건을 어렵지 않게 찾을 수 있다. 서울을 벗어나면 경기도 외곽, 인천이나 구리시 주변으로 확장할 수 있다. 남양주나 하남, 성남 수정구 주변은 최근 땅값이 많이 올라 대로변이라도 평당 5,000만~6,000만 원을 호가하는 만큼 10억 원으로 투자 물건을 찾기가 쉽지 않다.

2. 20억~30억 원 → 50억~60억 원대 건물

가용 자산이 최대 30억 원인 경우 매매가 100억 원대 건물까지 매입이 가능하다. 하지만 적정한 투자 수준은 80억 원 정도다. 자산을 다 끌어모았는데 10억~20억 원 수준이라면 40억~50억 원 건물을 찾는 것이 좋다. 20억 원 수준이라면 강남 권역 빌딩은 투자하기 어렵다. 강남은 이미 땅값이 너무 올랐고, 임대 수익률은 낮기 때문이다.

건물이 신축이거나 상태가 좋아 임대료를 높게 받거나 감정가가 높다면 20억 원으로 70억 원 상당의 건물 매입도 가능하지만, 안정권은 50억~60억 원대 건물이다.

3. 50억 원 이상 → 최대 150억 원대 건물

가용 자산이 50억 이상이면 시세 150억 원 건물 매입이 가능하다. 이 정도 금액이면 지역이나 입지에 크게 구애받지 않고 건물 매입을 타진할 수 있다. 건물을 살 때 가용할 수 있는 자기 자본금의 비중은 최대 30%이며, 나머지 70%는 레버리지를 사용해 투자가 가능하다는 것을 기억해두자.

언제 갈아탈 것인가?

건물을 사서 얼마 동안 보유할 것인지, 투자 기간을 설정하는 것도 중요하다. 입지에 따라 장기 투자를 선호하는 지역도 있다. 하지만 보편적 건물 투자에서 장기 투자는 추천할 만한 방식이 아니다. 건물 투자는 일정한 임대 수익을 내겠다는 목표와 기간을 설정해 그 기간을 채우면 매각한다는 계획을 함께 세우는 것이 일반적이다.

기간에 대한 계획을 세우는 방법은 두 가지가 있다. 5억 원을 주고 산 아파트가 10억 원이 됐을 때 팔겠다는 것과, 장기보유특별공제 혜택을 받는 시점에 매각하는 것이다. 후자의 경우 장기 보유로 발생하는 각종 비용의 총합보다 장기보유특별공제 혜택을 받고 매각해 양도세 부담을 줄이는 것이 이득이 크다. 10억 원에 판 뒤 15억 원 아파트를 샀을 때 25억 원으로 인상되는 것은 비교적 쉽다. 비싼 아파트가 오름폭이 크기 때문이다. 처음 산 아파트를 팔지 않고 그대로 두어

25억 원에 도달하는 데 걸리는 시간과 후자의 방법으로 25억 원에 도달하는 시간을 비교하면 후자가 훨씬 빠르다. 부동산 투자에서 장기 대신 단기를 선호하는 이유다.

그런데 건물은 주택에서 누릴 수 있는 장기보유특별공제 혜택을 받을 수 없다. 건물 가격이 오르면 양도세가 부담스러울 수도 있다. 여기에 재산세 등 보유세까지 합치면 건물 투자는 보유 기간이 지날수록 수익률이 떨어질 수 있다는 계산이 나온다.

평당 5,000만 원에 구입한 건물이 평당 7,000만 원까지 오르는 건 어렵지 않고 기간도 그리 오래 걸리지 않는다. 하지만 상승에는 한계점이 있어 7,000만 원 하던 땅값이 비슷한 시기 8,000만 원 또는 1억 원까지 오르기는 쉽지 않다. 상승세도 느리고 정체기도 겪기 때문에 결론적으로 시간이 훨씬 오래 걸린다. 이런 경우 7,000만 원에 매각하고, 다시 8,000만~1억 원 입지로 갈아타는 쪽이 수익률이 높다.

물론 계속 기다리다 보면 언젠가는 100억 원대 건물이 될 것이다. 그러나 두 건물이 이 가격을 형성하기까지는 두 배 이상의 시간 차이가 날 수 있다. 차라리 조금 손해를 보더라도 매각한 후 갈아타는 것이 시간을 줄이고 원하는 목표액에 빨리 도달할 수 있다.

매각을 주저하는 투자자들은 '팔기 싫다'는 심리가 발동하다 보니 자꾸 매도 타이밍을 놓친다. 심지어 매매 수수료를 챙기려는 중개업자의 농간으로 생각하기도 한다. 하지만 몇 번 갈아타서 짭짤한 투자 수익을 경험하면 장기 보유 투자에는 큰 매력을 느끼지 못한다. 갈아타기 투자는 한 번도 안 해본 사람은 있어도 한 번만 하는 사람은 없다는 것이 업계의 정설이다.

단기 투자로 접근하기 좋은 지역

단타성 호재가 있는 곳은 짧은 시간 안에 가격이 급격히 오르는 경우가 많다. 어떤 때는 1년 만에 50%가 오르기도 하는데, 이런 경우 장기 투자는 피하는 것이 좋다. 오랫동안 보유하면 투자 수익률이 떨어지기 때문에 치고 빠지는 전략을 세우는 것이 좋다. 강남이나 신길 뉴타운, 노량진, 노원구, 도봉구 창동·쌍문동 등이 단기 투자하기 좋은 지역으로 알려졌다. 개발 호재뿐 아니라 인구 유입이 많은 편인 데다 그에 따른 주변 인프라가 확대되는 등 거점 지역으로 활약할 가능성이 크다. 최근 은평구 수색과 가산디지털단지, 가양동 역시 떠오르는 단기 투자처이니 눈여겨볼 필요가 있다.

TIP 지금 장기 투자해야 할 곳은 따로 있다?

경우에 따라 5년 이상 장기 투자해야 하는 지역도 있다. 강동구와 은평구 등이 대표적인 지역으로, 개발이 한창 이루어져 어느 정도 완성 단계에 이르렀다. 과거 오랫동안 개발에서 소외되어 있다가 본격적인 개발이 시작되었고, 각종 교통 호재까지 겹쳐 발전 가능성이 높다. 이런 지역은 공시지가를 확인하면 알 수 있다.

현재 공시지가가 연평균 5~7% 수준으로 올랐는데, 이는 땅값 상승이 가파르게 진행되고 있다는 뜻이다. 장기 투자로 유망한 지역은 지가 상승률을 살펴보고, 그 수준이 어느 정도 상회할 경우 장기 보유해도 나쁘지 않다.

2024년 현재까지도 강동구, 은평구의 미래 5년은 다른 지역에 비교해 가치 상승 측면에서 충분히 우월하다. 이제는 영등포구, 종로구 쪽도 눈여겨보자. 다시 예전의 부귀영화를 꿈꾸기 시작하고 있다.

Part 5

실전 편 2 :
어떤 건물에
투자해야 할까?

01

입지가 좌우한다

건물 투자의 핵심은 입지가 좌우한다는 것이다. 입지를 파악하려면 땅의 성격을 이해하는 것이 중요하다. 우리나라는 주거지와 상업지, 공업지와 녹지 등 각 토지의 용도를 정 해두고 있다. 핵심은 용적률과 건폐율이다. 간단히 설명하면, 건폐율과 용적률은 정해 진 땅의 크기 안에서 얼마나 더 높고 넓은 건물을 지을 수 있느냐를 결정짓는다.

서울 요지라고 해서 모든 곳이 안정적인 투자처는 아니다. 구도심 가운데에도 상권이 죽어가는 지역이 의외로 많으니 주의해야 한다. 보통 지역 상권이 무너지면 인근의 중심 상권으로 소비 축이 이동한다. 소비할 곳이 사라진 지역은 젊은 사람의 유입이 줄어들기 마련이고, 나이 든 사람만 남아 다시 소비 여력이 떨어지는 악순환이 계속된다. 이런 현상이 심화되면 결국 그 지역은 슬럼화될 수밖에 없다.

서울의 상업용 건물에 투자할 때는 주거, 오피스, 상점가 등 이 삼박자가 고루 갖춰진 곳인지 살펴봐야 한다. 강남 지역은 이 삼박자가 잘 맞아떨어진 대표적 상권이다. 금융권과 비즈니스 타운이 형성된 테헤란로 오피스 상권을 중심으로 도산대로와 청담동을 중심으로 형성된 명품 숍 등 소비 상권, 그리고 이들을 중심으로 아파트 단지 중심의 주거 상권이 조화롭게 배치되어 최고 입지 조건을 자랑한다. 경기도 외곽 등 멀리 떨어진 곳에 사는 사람들도 거미줄처럼 이어진 교통망을 통해 언제든 강남에 쉽게 접근할 수 있어 강남 상권의 가치는 늘 매력적일 수밖에 없다.

입지 조건과 함께 따져봐야 하는 것이 용적률과 건폐율이다. 도심 지역의 1종 전용 주거지역은 용적률 100%, 건폐율 50%다. 대지가 100평이면 바닥 면적이 50평인 2층짜리 건물을 지을 수 있다는 의미다. 2종 일반 주거지역은 용적률 200%, 건폐율 60%를 적용받아 건물을 3~4층까지 올릴 수 있다. 일반 상업지역은 용적률 1000%, 건폐율 60%를 적용받으므로 10층 이상 건물을 지을 수 있다. 투자자 입장에서는 건물을 높이 지을 수 있는 상업지역의 건물에 눈독을 들일 수밖에 없다.

하지만 서울시 전역에서 상업지로 지정한 토지는 얼마 되지 않는다. 강남대로·테헤란로·종로 등이 대표적 상업지역인데, 그 희소성 때문에 땅값과 건물값이 무척 비싸다. 따라서 예비 건물주라면 어떤 용도 지역에 위치한 건물을 매입할지 미리 구상해야 한다.

〈건폐율과 용적률〉

구분	세분		건폐율	용적률	건폐율	용적률	
	도시 지역		국토계획법 시행령		서울시 조례		
주거	전용	제1종	50	100	50	100	
		제2종	50	150	40	120	
	일반	제1종	60	200	60	150	
		제2종	60	250	60	200	
		제3종	50	300	50	250	
	준주거		70	500	60	400	
상업	근린상업		70	900	60	1000	4대문 600
	유통상업		80	1100	60	800	4대문 600
	일반상업		80	1300	60	600	4대문 500
	중심상업		90	1500	60	600	4대문 500
공업	전용공업		70	300	60	200	
	일반공업		70	350	60	200	
	준공업		70	400	60	400	
녹지	보전녹지		20	80	20	50	
	생산녹지		20	100	20	50	
	자연녹지		20	100	20	50	

전통 부촌의 공시지가

오래전부터 부촌으로 알려진 지역은 공시지가가 높다. 강남에서는 압구정동과 신사동, 강북에서는 종로가 대표적이다. 같은 강남구인데 대치동은 공시지가가 평당 3,000만~4,000만 원이지만 압구정동은 1억 5,000만 원 선으로, 공시지가가 거의 세 배나 차이 난다. 종로는 이보 다 심해 공시지가가 땅값과 거의 비슷할 정도로 높다. 오랫동안 상권이 번성해온 지역은 공시지가에도 땅값의 긴 역사가 반영된 것이다. 특이한 점은, 공시지가만큼 매매 차이가 나지 않는다는 것이다. 실거래가를 보면 대치동과 압구정동이 비슷하다. 가격이 비슷하다는 것은 임대료 역시 비슷하다는 의미다. 실거래가와 임대료가 비슷한데, 공시지가가 3~4배 차이 나면 보유세는 큰 차이가 난다. 재산세나 종부세 등 보유세는 공시지가를 기준으로 부과하기 때문이다. 건물은 공시지가 80억 원 이상부터 종부세 과세 대상이 된다. 종부세는 공시지가에서 80억 원을 뺀 금액에 공정시장가율 95%와 0.5~0.7%에 해당하는 세율을 곱해 나오는 과세액이다.

시세 100억 원 건물을 샀다고 가정할 때, 대치동은 공시지가가 낮아 종부세 면제 대상이지만 압구정동은 공시지가가 높아 종부세 부과 대상이다. 이때 1년에 내야 하는 종부세는 3,000만~5,000만 원정도다. 매년 엄청난 액수의 종부세를 내고 나면 건물 임대 수익률은 낮아질 수밖에 없다. 따라서 압구정동이나 신사동, 종로 등 전통 부촌으로 알려진 지역에 건물 투자를 할 때는 높은 공시지가를 염두에 두어야 한다.

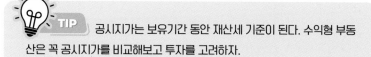

TIP 공시지가는 보유기간 동안 재산세 기준이 된다. 수익형 부동산은 꼭 공시지가를 비교해보고 투자를 고려하자.

지방 상업용 부동산의 입지 조건

지방에 부동산 투자를 할 때 입지는 중요한 명제다. 지방은 땅값이 낮아 투자 비용이 적게 들기에 상업용 건물 임대 수익이 서울의 요지보다 높은 편이다. 그러다 보니 안정적 임대 수익을 노리며 지방의 물건에 관심을 보이는 사람들이 꽤 있다. 10억 원을 투자해 연 임대료 5,000만 원을 받으면 임대 수익률이 5% 정도이니 짭짤한 투자처다.

물론 지방의 상업용 건물은 다른 관점에서 바라볼 필요가 있다. 특정한 곳을 제외하면 인구가 계속 줄어들고 있다. 인구가 줄어들면 지역 경제 규모도 작아진다. 안정적 임대 수익을 거두는 데 문제가 발생할 수 있다는 뜻이다.

또 지방은 땅값은 저렴하지만 건축 원가가 높다. 건축 비용이 건물 가격 대비 40~50%를 넘기도 하는데, 원가가 높은 반면 임대료 수익은 낮아 투자 효율성이 떨어진다. 지방의 노후화된 건물을 인수해 리모델링하는 것 역시 건축 비용이 높아 임대료 수익률이 낮아지므로 선뜻 추천하기 어렵다.

따라서 지방의 상업용 건물에 투자할 때는 입지 조건을 꼼꼼히 살펴봐야 한다. 광역시라고 해서 무조건 안정적 투자처는 아니며, 그중에서도 생산 인프라가 갖춰진 곳 위주로 투자처를 물색해야 한다. 상권이 발달한 메인 상가 또는 향후 안정적 이주 수요가 있는지도 따져봐야 한다. 안정적 이주 수요가 있다고 해도 지역이 서울과 가까워 사람들이 서울에 가서 돈을 쓰는 생활권이라면 역시 추천하지 않는다.

비슷한 조건,
어떤 건물이 더 비쌀까?

상권 형성에는 그 나라 사람들의 문화나 생활 습관도 영향을 미친다. 우리나라 사람들은 대부분 오른손을 사용하기 때문에 진행 방향의 오른쪽으로 이동하며 걸을 때 편안함을 느낀다는 보고가 있다. 따라서 건물을 신축하거나 방향을 살필 때는 거주 습관이나 동선, 용도 등을 살펴 투자에 유리한지 확인해야 한다.

우리나라 사람들은 남향을 좋아한다. 특히 주거지는 남향에 대한 선호도가 높아 같은 층 아파트라도 북향에 비해 남향이 몇천만 원 비쌀 정도다. 거주하는 집이라는 특성 때문이다. 우리나라는 사계절이 있어 날씨 변동성이 크다. 여름에는 장마로, 한겨울에는 건물 내·외부 온도 차로 결로가 자주 발생한다. 집 안이 습하고 눅눅해 곰팡이가 잘 피기 때문에 가능한 한 남향집을 사려고 한다. 남향집은 해가 잘 들기 때문에 습기가 덜하고, 여름에는 시원한 반면 겨울에는 따뜻

하다. 난방비를 비롯해 주거 비용도 절약할 수 있는 등 다양한 계절적 요인으로 인해 남향이 최고 주거지로 인정받는다.

건물은 이와 정반대다. 같은 값이면 북향 건물을 선호한다. 강남 테헤란로에 자리한 건물은 도로를 경계로 어떤 방향으로 나 있는지에 따라 가격 차이가 발생한다. 남쪽보다는 북쪽을 향한 건물이 비싸고, 비슷한 가격대라면 북쪽으로 난 건물이 빨리 팔린다.

차를 운전하며 한강을 건너 남쪽으로 진입할 때도 주로 오른손으로 운전하기 때문에 오른쪽 건물에 시선을 두는 경향이 강하다. 건물 입장에서 보면 북쪽을 향한 건물이다. 북쪽 또는 북동쪽을 향해 건물이 나 있으면 오가는 사람들의 눈에 쉽게 띄고, 자연스럽게 사람들을 끌어들이는 효과가 있다. 또 사람들이 출근하면서 보는 건물보다 퇴근하면서 보는 건물이 더 유리한 입지다.

좀 더 구체적으로 살펴보자. 오피스 빌딩은 남쪽으로 하루 종일 해가 들기 때문에 업무 집중도가 떨어져 일하는 환경으로는 적합하지 않다. 공부방이나 작업실을 북쪽에 두는 이유는 조도가 일정하기 때문인데, 책상에 오랫동안 앉아 일하는 오피스 업무 환경상 북향 건물에 높은 점수를 줄 수밖에 없다. 대표실만 봐도 남쪽으로 창이 나 있고, 책상은 그림자가 지지 않는 북향에 놓인 경우가 많다. 건물 내에서 가장 좋은 위치라는 의미다.

상업 시설도 북향의 선호도가 훨씬 높다. 음식을 파는 업종의 경우 남향에 매장이 있으면 햇빛이 오래 들어 음식이 빨리 상한다. 옷이나 상품 등을 판매하는 업종은 유동 인구를 끌어들여야 하는데, 커튼이나 블라인드를 내려 햇빛을 가리면 영업에 막대한 지장이 생긴다. 상품이 쉽게 바랜다는 단점도 있다.

남향뿐 아니라 서향도 오피스나 상업 시설에서 가능하면 피해야 할 입지다. 서향은 남향보다 햇빛이 더 오랫동안 깊숙이 들어온다. 주택을 지을 때도 주방을 서향에 설계하면 음식이 빨리 상하므로 예외적인 경우가 아니라면 서향에 주방을 배치하지 않는 것이 건축의 기본 룰이다.

일조권과 사선제한

북향 건물을 선호하는 또 다른 이유는 일조권과 사선제한 때문이다. 일조권은 사람들이 햇빛을 누릴 수 있도록 법으로 규제하는 장치다. 앞 건물에 그림자가 져서 뒤 건물에 햇빛이 들어오지 않는 것을 방지하기 위한 목적으로, 건물주 입장에서는 신축할 때 주변 건물의 일조권을 방해하지 않는 조건에서만 건물을 지을 수 있다.

사선제한은 일조권과 항상 묶이는 법규다. 건물 높이가 9m 이하인 경우 1.5m를, 건물 높이가 9m 이상인 경우 해당 높이의 2분의 1만큼 북쪽 방향 건물에서 떨어져 짓도록 정하고 있다. 이 말인즉슨, 건물이 남쪽을 향하면 건물 그림자가 뒤쪽 건물까지 길게 뻗어 뒤 건물의 피해가 크다. 5층 건물을 지을 수 있는데 일조권과 사선제한에 걸려 4층밖에 지을 수밖에 없다면 그만큼 수익률이 떨어진다.

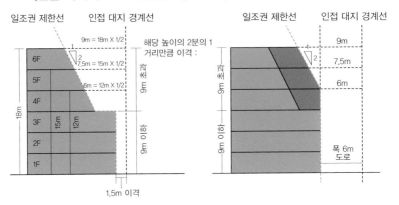

하지만 도로가 북쪽에 있으면 일조권 피해가 덜해 사선제한에서 비교적 자유롭다. 북쪽에 도로를 면한 땅값이 비싼 이유도 바로 이 때문이다. 일조권 제한선에서 유리해 건물 모양이 반듯하게 나올 수 있으므로 수익률도 높아진다.

어쩔 수 없이 건물을 남향이나 서향으로 지어야 한다면 그에 걸맞은 임차 업종을 들이는 것으로 문제를 해결할 수 있다. 학원은 학생들이 수업 도중 다른 곳에 관심을 두지 않도록 창문을 가리기 때문에 건물 방향과 상관없다. 병원이나 동물병원, 서비스센터 등도 건물 방향과 무관하게 임대를 들일 수 있다. 이렇듯 피해갈 수 있는 방법이 있으니 북향 건물을 매입하기 어렵다면 차선책을 쓰는 것도 좋다.

도로와 교통을
살펴라

건물에 진입하기 위해서는 반드시 도로가 확보되어야 한다. 건물은 도로를 끼어야 존재 의미가 있으며, 도로가 어떤 형태인지에 따라 건물 투자 방향도 달라진다.

지하철 역세권 도로변에 자리한 건물은 누구나 탐내는 물건으로, 최고 입지 조건 중 하나다. 이때 이상적인 조건은 건물 앞 도로 폭이 6m 이상이다. 도로 폭이 6m 이상이면 주차장 접근이 편리하고 용적률이나 규제 조건에도 걸리지 않아 건물 사용의 이점을 최대한 누릴 수 있다. 5m 미만의 도로에서는 사람이 걷고 있을 때 차가 지나가면 보행자가 불편함을 느끼므로 접근성이 떨어진다. 도로 폭이 6m 이상이면 차 두 대가 양방향으로 다닐 수 있어 도로를 따라 근린 상권이 형성될 가능성이 높다.

가장 추천할 만한 도로 폭은 8~10m다. 이 정도면 길을 걷는 사람들이 편안함을 느끼고 양옆에 늘어선 상점을 자유롭게 오갈 수 있다. 도로 폭이 15m 이상이면 횡단보도가 설치되고, 20m 이상이면 신호등이 필요하므로 경우에 따라서는 길 하나를 사이에 두고 유동 인구에 차이가 날 수 있다. 도로를 경계로 상권이 다르게 형성되고, 심지어 임대료가 서너 배까지 벌어질 수 있다.

따라서 100억 원 이하 소규모 빌딩이라면 큰 도로보다는 작은 도로에 면한 건물에 투자하는 것이 좋다. 이런 곳은 골목 상권이 살아있어 임대 수요가 많아 건물 가격도 높게 책정된다.

단, 건물이 상업 지구에 있으면서 도로 폭이 4m인 경우 주어진 용적률의 80%밖에 지을 수 없다는 맹점이 있다. 20%의 용적률을 손해 보는 셈이라 임대 수익률 역시 낮아진다. 서울 도심에는 도로 폭이 4m인 곳이 의외로 많다. 건물 투자에 일가견 있는 사람들은 줄자를 갖고 다니며 도로 폭을 재기도 하는데, 그만큼 도로가 건물의 수익률에 영향을 미치기 때문이다. 도로 폭이 6m 이상 되어야 용적률의 피해를 보지 않는다는 사실을 꼭 기억하자.

광대로 건물 투자 시 유의할 점

광대로는 도로 폭 25m 이상을 말하며, 건물이 광대로와 붙어 있으면 지나다니는 사람들의 눈에도 쉽게 띈다. 하지만 건물 가격이 비싼 데다 임대 수익률도 낮다.

강남역이 자리한 강남대로변 건물과 그 뒤편 건물은 3~5배까지 가격 차이가 난다. 대로변 건물의 시세가 평당 5억~7억 원이라면 뒤편 건물은 1억~2억 원대다. 하지만 상가 임대료는 대로변 건물과 뒤편 건물에 큰 차이가 없다. 상권은 대로변보다 뒤편 건물이 더 좋을 수 있다.

광대로의 경우 문제점도 노출되어 있다. 건물 주차장 진출입로가 보행자 통로를 점유하는 경우 도로점용료를 내야 한다. 강남구 테헤란로를 떠올리면 이해하기 쉽다. 이곳 건물들은 일렬로 붙어 있어 메인 도로에서 직접 주차장 진출입로로 진입하기 위해서는 보행자들이 이용하는 도로를 가로질러야 하므로 도로점용료 부과 대상이다.

자동차 진행 방향에서 오른쪽 끝 차선이 항상 붐비는 이유도 건물에서 나오는 자동차와 직진 방향의 자동차가 뒤섞이기 때문이다. 이때 교통 체증도 유발되므로 교통유발부담금 과세 대상이다. 교통유발부담금은 인구 10만 명 이상 도시에서 연면적 1000㎡ 이상 건물에 부과하는 세금이다. 규모가 웬만한 도시의 큰 건물은 대부분 내는 세금이다. 도로점용료는 공시지가를 기준으로 부과되는데, 매달 몇백만 원씩 내는 건물도 많다.

이런 이유로 코너에 있는 건물을 사는 것이 훨씬 유리하다. 두 개의 도로를 끼고 있으니 자동차 진입에 유리하고, 특히 재건축할 때 주차장 위치를 자유롭게 구상할 수 있어 다양한 건물 디자인이 가능하다.

결론적으로 광대로는 일반 투자자가 진입하기에는 장벽이 높으며, 투자 수익률이 높지 않다. 따라서 실속 있는 투자를 하고 싶다면 광대로에 면한 건물보다는 뒤쪽 건물에 관심을 갖는 편이 낫다. 신논현역 사거리에 자리한 대로변 건물의 평당 가격이 4억 원 선이라면 뒤쪽 건물은 평당 1억 5,000만 원 선에 구입할 수 있다. 일반 투자자라면 후자를 선택하는 것이 훨씬 현명한 판단이다.

> **TIP** 광대로변은 역세권 오피스(업무시설) 용도 투자가 최근 상황에 적합한 투자 방향이라고 빌딩의 신은 판단하고 있다.

정류장, 지하철 출입구 위치가 중요하다

지하철 출입구나 버스 정류장의 위치도 건물 가격 산정에 영향을 미친다. 건물을 매입할 때 사람들이 어느 방향, 어느 입구에서 건물로 유입되는지 살펴야 하는 이유다. 버스에서 내리거나 지하철역에서 올라오는 사람들은 자신의 시선이 향하는 곳을 따라 걷기 마련이다. 출입구에서 나오는 직진 방향으로 움직일 가능성이 높고, 이때 길 주변에 볼거리가 많거나 상점이 연이어 있으면 자연스럽게 이 길을 따라 걷는다.

이처럼 인구 유입의 흐름을 알아두면 상권을 파악하는 데 도움이 된다. 지하철 출입구가 지상으로 노출된 경우, 특히 지하철 엘리베이터나 에스컬레이터 역사가 지상부에 우뚝 솟아 건물을 가리는 경우 해당 건물은 막대한 피해를 입는다. 보행자의 가시성이 높아야 영업이 잘되는데, 역사에 가려 아무것도 보이지 않으면 제아무리 인기 업종이라도 장사하는 데 지장을 받게 된다. 지하철역 주변이라는 좋은 입지 조건임에도 공실이 많다면 이유가 있을 테니 잘 따져봐야 한다.

버스 정류장이 건물 바로 앞에 있으면 좋을 것 같지만, 사실 그렇지 않다. 버스 정류장이 건물을 가릴 확률이 높고, 사람들이 버스를 기다리면서 쓰레기를 버리는 등 주변 환경이 지저분해진다. 버스 정류장은 건물에서 5~10m가량 떨어진 곳에 위치하는 것이 가장 좋다.

 TIP 주차 제한 구역이 오히려 나은 지역

교통이 혼잡한 지역은 건물에 주차장을 만들 수 없도록 법으로 제한하기도 한다. 주차 제한 구역이라고 하는데, 서울 종로가 대표적이다. 종로 건물 대부분은 주차 시설이 없다. 건물주 입장에서는 주차장이 없는 것이 오히려 편할 수도 있다. 법으로 규정된 주차 대수를 맞춰 공사하지 않아도 되니 건축비도 덜 들고, 시설을 관리하기도 쉽다. 자동차를 이용하는 사람들은 주변의 주차장 전용 시설을 이용해야 하는 불편함이 따르지만, 이런 곳일수록 대중교통이 발달해 도보 접근성이 좋다.

호재의 진짜 의미를
파악하라

부동산 전문가들은 대부분 투자할 때 '호재'에 주목하라고 말한다. 특히 교통 호재는 가장 중요한 판단의 잣대다. 교통이 불편하면 사람들이 찾지 않고, 사람들이 찾지 않으니 수요가 적어 부동산 가격 상승 가능성이 낮기 때문이다.

'GTX가 뚫린다' 또는 '재개발된다'는 뉴스가 나오면 해당 지역 사람들은 쾌재를 부른다. 이때부터 관련 지역에서는 부동산 가격 상승이 코앞이라며 미리 축포를 터뜨린다. 초보 투자자일수록 소문에 휩쓸릴 확률이 높아 호재가 발표된 지역에 투자를 감행하기도 한다.

아파트의 경우 교통 호재는 늘 긍정적으로 작용한다. 은행 이자를 내든 월세를 내든 주거 비용은 발생할 수밖에 없고, 주택을 보유하는 동안 장기보유특별공제 혜택도 누릴 수 있다. 아파트는 부동산 가격

폭락이라는 리스크가 발생해도 헤지 기능을 한다. 하지만 교통 호재가 무조건 좋은 것만은 아니다. 건물 투자를 할 때는 이러한 헤지 기능이 없다. 그래서 교통 호재 뉴스로 건물을 매입했음에도 손해 보는 구조가 만들어질 수 있다.

건물은 상권이 형성되고 오가는 사람이 많아야 임대료를 제값으로 받을 수 있다. 지하철이나 GTX 등 대형 교통 호재는 발표 후 10년, 짧아도 5년 이상 걸리는 경우가 많다. 최근 부동산 가격 폭등의 주역으로 꼽히는 GTX는 앞으로 10년은 지나야 완공되는 프로젝트다. 이런 곳은 당장 유동 인구가 적으니 상권이 형성되지 않는다. 상권이 형성되지 않으면 유동 인구가 적고, 결국 투자한 건물에 공실이 발생하거나 임대료가 턱없이 낮을 확률이 높다. 건물을 구입할 때 레버리지를 많이 썼다면 은행 이자 내기도 벅찬 상황에 직면할 수 있다.

게다가 교통이 운행되는 시점까지 5~10년 동안 내야 하는 은행 이자, 각종 세금, 건물 관리 비용 등 지출은 계속 쌓인다. 건물 유지는 차치하더라도 당장 이자와 세금 내는 데 헉헉대면 건물을 보유하는 10년이 악몽으로 바뀔 수 있다. 최악은 살고 있는 집을 팔아 건물은행 이자를 감당해야 하는 상황이다. 종종 이런 일이 발생한다.

건물에 투자할 때는 입지, 상권 개발 호재, 인구 유입, 도로, 교통, 재개발과 재건축 등 여러 요소를 종합적으로 고려해 판단하는 것이 정석이다. 단순히 지하철, GTX 개통이라는 호재만 믿고 건물에 투자했다가는 낭패를 볼 수 있음을 기억해야 한다.

단, 자신이 그 건물에 들어가 사업하는 경우는 예외다. 수익이 나지 않더라도 투자할 만하다. 다른 곳에서 사업을 해도 그만큼 건물 점유 비용이 발생하므로, 건물을 사서 이자를 내며 보유하는 것이 훨씬 유리하다.

계단식으로 상승하는 개발 호재

재개발이나 재건축은 건물 투자의 호재다. 대표 사례가 신대방과 신길 뉴타운이다. 이 지역은 재개발이 완성된 후 토착민은 사라지고 외부에서 인구가 대거 유입했다. 이유는 두 가지로 분석할 수 있다.

첫째는 지하철 1호선과 7호선을 통해 교통이 연결되면서 강남 접근성이 편리해진 탓이다. 지하철을 타면 10~20분 안에 강남에 갈 수 있으니 집값 비싼 강남 대신 신길동과 신대방동으로 이주하는 사례가 증가했다. 둘째는 뉴타운에 지은 대기업 브랜드 아파트 가격이 16억~20억 원을 호가하면서 소득 수준이 높은 사람들이 넘어오고 있다. 돈 있는 사람들이 들어오면 소비 수준이 높아지고 주변 상권도 변한다.

이렇듯 재개발과 재건축은 대부분 새로운 입주민이 유입되는 과정을 거치며 상권 자체도 업그레이드된다. 지역 상권이 살아나면 건물 가치는 덩달아 상승한다. 개발 호재 지역에 자리한 건물은 계단식으로 가격이 상승하는 패턴을 보인다. 개발 계획이 발표되면 10~20% 가격이 오르다가 일정 기간 정체되고, 개발 관련 진척 사항이 발표되면 또다시 오르는 사이클을 반복한다.

재건축 단지의 경우 재건축 발표가 나면 크게 한 번 오른 뒤 긴 시간 정체기를 거치다 안전 진단을 통과하면 다시 오르기 시작한다. 이후 오른 가격에서 큰 변동이 없다가 추진위원회가 만들어지거나 조합을 설립했다는 진척 사항이 발표되면 그때마다 가격이 상승한다.

교통 호재도 마찬가지다. 교통망이 신설되었다는 뉴스, 공사 시작을 알리는 뉴스, 착공 예정이라는 뉴스, 드디어 개통됐다는 뉴스 등에 각각 건물 가격이 뛰는 계단식 상승세를 보인다. 이 과정이 짧으면 5~10년, 길면 20년 정도 걸린다.

따라서 투자자는 어느 시기에 어느 정도 투자 기간을 계획하고 들어가는지가 중요하다. 한 번 매입한 후 20년 이상 보유하는 것보다는 계단식 상승 주기에서 가장 효과적인 5년간의 타이밍을 예상해 그 시기를 집중 공략할 필요가 있다.

문제는 개발 호재로 턱없이 오른 건물을 매입하는 경우다. 특히 강남은 최근 2~3년 사이 지가가 많이 올라 임대 수익률 3%를 유지하기도 벅차다. 자기 자본금에 여유가 없다면 리스크가 발생했을 때 대비책이 없어 투자 실패로 이어질 확률이 높다. 수익률이 낮아 이자를 못 내는 경우도 많다. 강남이나 개발 호재가 많다고 해서 무조건 좋은 투자처는 아니라는 것이다. 실제로 지하철역이 들어온다는 곳에 가보면 대부분 땅값이 이미 오른 것을 알 수 있다. 주변 지역이 평당 3,000만~4,000만 원을 호가하는데, 지하철 호재만으로 평당 5,000만 원까지 오른 경우가 허다하다. 이런 지역의 건물에 투자하면 수익률이 나오지 않을 확률이 높은 만큼 면밀히 따져봐야 한다.

건물은 장기보유특별공제 혜택을 볼 수 없으며, 매매할 경우 시세 차익이 5억 원 이상이면 40%의 양도세를 내야 한다. 건물은 5억 원 이상 수익이 나는 경우가 많으므로 양도세를 피하기는 어렵다. 양도세 뿐 아니라 각종 보유세 등 재산세 지출이 증가하므로, 건물을 산 후 어느 정도 개발 수혜나 이익을 봤다면 일단 매도한 후 재투자하는 것이 유리하다.

Case Study 7

GTX 호재만 믿고 투자했다가 마이너스 수익으로 실패!

서울 강북 요지에 GTX가 뚫린다는 뉴스가 발표되자마자 인근 지역의 평당 1억 원 하던 땅값이 1억 5,000만 원으로 껑충 뛰었다. 투자자는 GTX 호재가 큰 매매 차익을 줄 것이라 믿고 평당 1억 5,000만 원에 시세 80억 원 건물을 매입했다. 그런데 건물을 매입하고 보니 임대 수익률이 나오지 않았다. 땅값은 올랐지만 임대료가 전혀 오르지 않았기 때문이다. 평당 1억 5,000만 원 하는 건물은 평당 9만~10만 원 정도 임대 수익이 나와야 한다. 하지만 이 지역 시세는 평당 5만~6만 원이었다. 교통망이 뚫리기까지는 기간이 오래 걸리는 데다 상가와 유동 인구는 예전 그대로라 임대료를 인상할 수도 없었다. 주변의 비슷한 건물이 평당 임대료 5만 원을 받고 있으니 혼자 10만 원을 받았다가는 공실이 날 것임이 분명했다.

투자금 10억 원에 나머지 비용은 은행 대출을 받았으므로 매달 내야 하는 이자도 상당했다. 임대료 받아 은행 이자를 내면 남는 게 없었고, 쌈짓돈으로 각종 경비와 재산세 등 세금을 내느라 마음고생이 심했다.

그렇다고 다시 팔자니 이마저도 마땅치가 않다. 시세가 120억 원이지만 팔았을 때 양도세가 20억 원을 웃돌기 때문이다. 각종 세금과 경비, 이자 등을 제외하면 남는 것이 없는 데다 팔아서 비슷한 규모의 다른 건물을 매입하기에는 자금이 턱없이 부족해 이러지도 저러지도 못하고 있다.

 개발호재 발표는 가지고 있는 사람에게 호재이지, 새로 매입하는 사람에게는 투자 시점 이후 많은 시간을 필요로 한다. 여유를 갖고 실제 효과를 볼 수 있는 타이밍을 기다려라!

Case Study 8

정확한 개발 정보 확인 후 족집게 투자로 성공!

신림동 난곡사거리는 인구밀도가 높기로 유명하다. 지역 정치인들은 선거 때마다 난곡사거리 개발 공약을 들고 나와 표심을 얻기 위해 애쓰는데, 개발 계획이 특별할 것 없이 치부되는 건 불발되는 사례가 많았기 때문이다.

난곡사거리에 건물을 매입하기로 결심한 투자자는 다양한 루트로 정보의 정확성을 타진했다. 소문이나 풍문, 인터넷 뉴스에 기대지 않고 직접 발품 팔아가며 국토부에 질의를 넣거나 구청 도시개발과, 지하철 공사 등을 찾아다니며 공시 자료를 확인했다. 지역구 국회의원이 집권 당이라 는 것도 확신을 주는 중요한 요건이었다.

투자자는 개발이 얼마 남지 않았다는 것을 확신한 후 건물을 매입했다. 자기 자본금 6억 원에 나머지는 은행 대출을 받아 73억 원 건물을 매입하는 데 성공했다. 반드시 개발될 것이라는 믿음이 있었기에 이런 과감 한 투자가 가능했다. 아니나 다를까, 그가 건물을 매입한 후 얼마 지나지 않아 난곡사거리 지하철 착공 소식이 발표됐다.

지하철이나 광역철도망의 경우 '개발한다'는 뉴스보다는 '착공했다'는 뉴스가 확실한 호재다. '개발한다'는 것은 얼마나 오랜 시간이 걸릴지 알 수 없지만, '착공했다'는 것은 개통 시점이 예견되는 상황이기 때문이다.

현재 이 건물의 임대료는 월 2,300만 원이다. 은행 이자를 제외해도 월 800만~1,000만 원의 수익을 내고 있는 것이다. 자본금 6억 원으로 이런 짭짤한 수익을 거둘 수 있었던 것은 건물주의 정보 확인 능력이 큰 힘을 발휘했다고 볼 수 있다.

[이후 이야기]

그후 3년이 흐른 2024년 현재, 보증금 15억 원 이상에 임대료는 2,700만 원 이상을 받고 있으며, 예상 매매가는 110억 원 이상으로 매겨지고 있다. 건물 투자자에게는 여유 있고 행복한 노후 준비만이 남아 있다.

유동 인구와 상권을 분석하라

임대 수익률을 높이는 방법은 다양하다. 그중에서도 상권이 잘 형성되어 유동 인구가 많은 지역에 투자하는 것이 최고 방법 중 하나다. 유동 인구의 바로미터는 서울과 수도권의 지하철 승하차 인원이다. 이 숫자가 많을수록 인근 지역을 오가는 사람이 많으며 상권도 활발하다.

한때 서울에서 유동 인구가 가장 많은 곳은 신도림역이었다. 지하철 2호선과 1호선 환승역인 신도림역은 지하철 유동 인구 1위를 기록했다. 지금은 가산디지털단지역에 1위 자리를 넘겨주었다. 가산디지털단지역은 인근에 지식산업센터 등 다양한 업무시설이 들어서면서 지하철 이용객 수가 폭발적으로 늘어났다. 현재 가산디지털단지역에 이어 선릉역이 2위를 기록하고 있다. 한때 유동 인구가 가장 많았던 신도림역은 3위에 머물러 있다.

기록에서도 알 수 있듯이 상권은 시대에 따라, 트렌드에 따라 살아 있는 생물처럼 변화한다. 지금 당장은 유동 인구가 많아도 언제 어떻게 변할지 알 수 없는 것이 바로 상권이다.

이태원 경리단길이 건물 투자처로 각광받은 적이 있다. 경리단길이 뜨기까지 여러 요인이 작용했지만, 그중 셀러브러티 파워를 무시할 수 없었다. 젊은 사람들 사이에 입소문이 난 요식업 전문가가 일부 지역의 개발 계획을 컨설팅했고, 여기에 유명한 연예인들이 가세하면서 화제를 모았다. 이국적 음식을 파는 식당과 카페, 트렌디한 술집, 아기자기한 소품 가게 등이 속속 들어서면서 경리단길의 인기가 덩달아 올라갔다. 상권은 주변으로 빠르게 확장되었고, 젊은 유동 인구가 폭발적으로 늘면서 건물 투자자들도 경리단길로 모여들었다. 하지만 현재 경리단길은 내리막을 걷고 있다.

경리단길을 포함한 이태원 상권의 중대형 빌딩 공실률은 26.3%로, 서울 평균 공실률 7.5%의 세 배가 넘는다. 코로나19가 발병하기 전인 2019년에는 1년 동안 7곳이 문을 열었고, 같은 해 17곳이 폐업하는 등 상권 자체가 하향세를 겪었다. 당시 비싼 값에 건물을 매입한 투자자들은 임대 수익도 제대로 건지지 못했고, 설상가상 코로나19라는 직격탄을 맞아 힘든 시기를 보내고 있다.

건물에 투자할 때는 단순히 임대료를 비싸게 받을 수 있는 핫플레이스라서, 또는 유명 연예인이 투자했다는 뉴스에 혹하면 안 된다. 부풀리기식 소문에 투자 분위기가 조성된 곳은 좋은 투자처가 아니다. 소문난 잔치에 먹을 것 없다는 말을 잊지 말아야 한다.

상권은 움직이는 거야!

논현동 영동시장 인근 지역 상권도 힘겨운 나날을 보내고 있다. 이곳 역시 유명 방송인이 자신의 이름을 내걸고 식당가를 운영하면서 큰 화제를 모았다. 상권이 유명세를 타면서 내국인뿐 아니라 해외 관광객이 모여들었고, 건물 임대료는 가파르게 상승했다. 하지만 유명인이 발을 빼면서 유동 인구가 줄었고, 주변 상권도 빠르게 인기가 식었다. 당시 높은 임대 수익을 기대하고 들어간 투자자 중에는 기대하던 임대 수익의 반도 건지지 못한 사람이 대다수다.

건물주는 공실이 계속되면 낮은 임대료를 받더라도 임대를 줄 수밖에 없다. 주변의 비슷한 상가 임대료가 낮아진 만큼 혼자 버티기는 힘들다. 결국 100%를 기대하고 투자했는데 50%밖에 수익이 나지 않는다면 나머지 50%의 손실분은 건물주 몫으로 돌아온다.

비슷한 사례로 압구정동 로데오거리를 들 수 있다. 이 지역은 높은 임대료를 받으며 한 시대를 풍미했지만, 시간이 흐른 뒤 상권이 몰락해 오랫동안 침체기를 겪었다. 이 지역의 건물주들은 임대료가 내려가면 건물 가치가 하락하기 때문에 임대료를 낮추는 것에 반대해왔다. 하지만 오랫동안 공실이 계속되자 다 함께 망할 수도 있다는 위기의식이 생겼고, 결국 상가번영회에서 임대료 20% 인하 정책을 펴면서 상권이 조금씩 살아나기 시작했다.

압구정동 로데오 지역은 투자자 입장에서 보면 임대료가 20% 낮아졌으니 기대 수익률이 100%에서 80%로 줄어든 곳이다. 그 유명하던 압구정동 상권도 이런 과정을 겪는 것을 보면 영원한 상권은 없다는 것을 알 수 있다.

투자자는 상권이나 입지를 분석하는 데 힘을 쏟아 손실을 최소한으로 줄일 수밖에 없다. 제대로 된 입지 분석 없이는 어떤 투자처라도 손실이 발생할 수 있다는 것도 염두에 두어야 한다. 연예인이나 유명세·소문·뉴스에 휘둘린 투자, 본인의 '감'만으로 진행하는 투자는 더욱 조심해야 한다.

> **TIP** 점점을 찍고 정체기에 돌입한 지역상권은 건물 투자 지역으로 특히 경계하자. 신당동, 성수동, 연남동 등 유행을 따라 팝업으로 띄운 상권은 꼼꼼히 따져보고 투자하자.

강남역 인근 상권 유형

강남역 사거리는 네 방향의 상권이 극단적으로 다르다. ① 삼성타운 뒤편 ② 대륭빌딩 상권 ③ 옛 뉴욕제과 뒤편 ④ 국기원 아래 근생 상권으로 나누어 살펴보자(다음 자료 참조).

먼저 ① 삼성 본관 뒤편의 상권은 처참할 지경이다. 과장 좀 보태면 '치킨 가게도 망해 나가는 곳'이다. 삼성타운이 들어온다고 해서 호재를 외친 수많은 상인이 이곳으로 들어와 눈물을 삼켜야 했다. 주말에는 사람이 거의 다니지 않을 정도다. 주말에 영업이 되지 않으니 주중만이라도 매출이 올라야 하는데, 삼성타운에서 일하는 사람들은 회식을 거의 하지 않는다. 코로나19 발병 이후 직원 모임이나 단체 회식이 아예 금지되면서 업주들은 힘든 시간을 보내고 있다.

인근에 아파트가 있지만, 거주민들은 삼성타운 쪽 상권을 거의 이용하지 않는다. 이들은 대부분 인근 청담동이나 신사동 쪽으로 이동해 소비한다.

삼성타운 맞은편 ② 대륭빌딩 주변에서는 최근 묘한 움직임이 포착되고 있다. 원래 이곳도 최악의 상권으로 악명이 높았다. 그런데 여기에 입시 학원의 대표 주자인 대성학원이 들어오면서 분위기가 달라졌다. 재수생을 필두로 학생들이 모여들었고, 젊은 학생 인구가 유

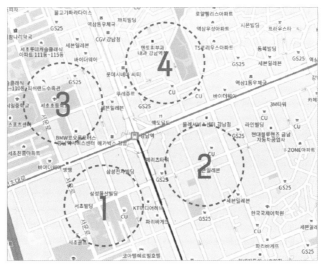

출처 : Google

건물 투자 비밀 노트 개정판

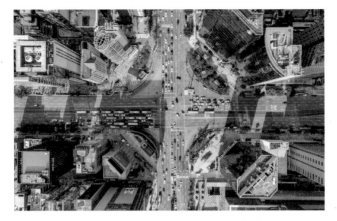

입되면서 주중뿐 아니라 주말 매출이 늘어나기 시작했다. 소비가 증가하면서 각종 스터디 카페와 식당, 편의점, 숍 등이 하나둘 문을 열었고 다시 근처에 새로운 재수 학원 및 다양한 학원이 들어오는 연쇄효과가 일어났다. 오랫동안 침체기를 겪던 상권이 재수 학원의 등장으로 부활의 움직임이 싹트는 상황이다.

강남역 사거리에서 최강 상권은 뭐니 뭐니 해도 ③ 옛 뉴욕제과 뒤편이다. 이곳은 유흥주점이 대거 밀집한 이른바 '강남역 환락가'로 통한다. 환락가는 상권 분석의 입장에서 보면 24시간 내내 매출이 발생하는 상권과 동의어다. 1년 내내 단 하루도 쉬지 않고 돌아가니 돈 벌수 있는 상권이고, 임대료 역시 높게 책정된다.

④ 국기원 아래 강남역 상권은 최신 트렌드를 받아들이는 입지로 꾸준히 유동인구 유입을 통해 탄탄한 상권을 형성하고 있다. 그러나 요식업과 근생 밀집지역의 특성이 있어 경기 영향을 많이 체감할수

있는 입지다. 경기가 좋으면 금세 활황을 체감하고, 경기가 나빠지면 불황을 빨리 체감하는 입지 특성이 있다.

삼성역 인근 유동 인구 변화

삼성역은 과거에 비해 유동 인구가 많이 줄어들었다. 이곳은 ① 현대백화점 인근 ② 글라스타워 주변과 휘문고 아래쪽으로 나눠서 살펴볼 수 있다(다음 자료 참조).

② 글라스타워 주변과 휘문고 사이에는 옛날부터 전통적 상권이 형성되어 있었다. 이 지역은 일반 근생 상가가 밀집해 음식점과 술집, 마사지숍이나 필라테스 학원, 카페와 편의점 등이 성황을 이루었다. 하지만 지금은 카페 몇 군데와 편의점 등을 제외하고 나머지 업종은 거의 사라졌거나, 설령 유지한다 해도 힘을 못 쓰고 있다. 이곳을 드나들던 유동 인구 대부분이 삼성역 지하 스타필드로 빠져나갔기 때문이다. 삼성역 지하에 조성한 스타필드는 깔끔한 식당과 카페, 트렌디한 숍, 서점 등이 입점하면서 근처 직장인을 스펀지처럼 흡수했다. 사람들은 이곳에서 밥도 먹고 쇼핑도 하며, 주말에는 데이트를 즐긴다. 현대백화점과 연결되어 있으니 지상으로 나가지 않아도 모든 것이 해결되는 구조다. 결국 스타필드에 고객을 빼앗긴 글라스타워 뒤편 상권은 조금씩 변화할 수밖에 없었다. 오래된 음식점과 술집 등이 빠져나가고 대신 오피스와 학원이 들어서기 시작했다. 이 지역은 대

치동 권역이라 학원 수요가 충분했고, 오피스 수요 역시 계속 증가하면서 새로운 상권이 형성될 수 있었다. 결국 삼성역 주변의 글라스타워 뒤편은 과거와 전혀 다른 상권으로 변화하고 있다.

출처 : Google

출처 : Shutterstock

삼성역 주변 변화의 주요 원인은 트렌드와도 맞물린다. 이곳에서 생활하는 젊은 직장인들은 냄새 피우며 고기 굽는 길거리 식당보다 깔끔하고 세련된 프랜차이즈 식당을 선호한다. 부동산 입지 분석을 할 때는 젊은이들의 문화와 소비 취향이 어떻게 변하는지도 살펴봐야 한다. 소비 문화를 이끌어가는 세대이기 때문이다.

삼성역 근생 상권은 스타필드와 도시공항터미널 맞은편~선릉 사이 근생 상권 블럭으로 일부 이동하고 있는 양상이다. 최근 봉은사역 주변으로 일부 근생시설이 유입되고 있지만, 건물 수가 많지 않아 상권 확장은 한계가 있어 보인다. 이곳은 미래 GBC가 준공하면 상권은 다시 이동할 것이다.

건물 투자 비밀 노트 개정판

역삼역 인근 유동 인구

역삼역은 지금까지 살펴본 입지 가운데 유동 인구의 차이가 가장 많이 발생하는 지역이다. 역삼역 사거리는 ① 강남 파이낸스센터 ② 한국은행 ③ GS타워 빌딩 ④ 오피스텔 밀집 지역 네 곳으로 나눌 수 있다. 그런데 각각의 상권이 극단적으로 다르다.

먼저 ① 강남 파이낸스센터는 건물 1층에 식당가가 있어 건물에서 근무하는 사람들이 밖으로 나오지 않는다. 건물 안에서 모든 것을 해결하므로 지역 주변 상권이 활성화되기 힘들다. ② 한국은행이 있는 구역도 마찬가지. 한국은행은 부지가 큰 데 반해 근무하는 사람과 유동 인구가 적어 상권이 활성화되기 어렵다. 맞은편 ③ GS타워 빌딩이 있는 쪽은 공연이 있을 때를 제외하면 역시 유동 인구가 많지 않다. 건물에 근무하는 사람들도 지하 식당가에서 점심을 해결하므로 밖으로 나올 일이 많지 않다. 그래서 이쪽도 상권이라고 할 것이 별로 없다.

마지막으로 ④ 건너편 오피스텔 밀집 지역이 남는다. 이곳은 역삼역 사거리에서 유일하게 상권이 살아 있다. 오피스텔을 비롯해 작은 건물이 밀집해 다양한 상가가 들어서면서 맛집과 술집 등 유흥주점가가 형성됐다. 결국 이 지역의 상권이 가장 활성화되면서 나머지 세 귀퉁이에서 커버하지 못하는 소비 인구가 이쪽으로 유입된다. 밤이 되면 이곳만 불야성을 이룬다. 하지만 상권 확장보다 정체되어 있는 상권이며 주중 오피스 수요 근생 상권이다.

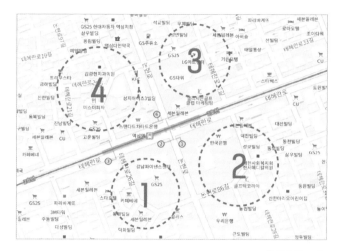

출처 : Google

출처 : Flickr

건물 투자 비밀 노트 개정판

쌍문역, 창동역, 노원역의 미래 가치

생활권이 강남인 사람들은 부동산 투자를 할 때도 강남만 고집하는 경향이 있다. 잘 아는 곳인 만큼 지역에 훤하고, 무엇보다 강남은 지금까지 부동산 투자에서 항상 높은 수익률을 보장해왔기 때문이다. 그래서 강남 외 지역을 추천하면 의외라는 반응을 보인다.

하지만 최근에는 이들도 강북 끝자락에 위치한 창동역·쌍문역·노원역 인근에 관심을 보이고 있다. 대부분의 투자자는 '창동 역세권 개발' 때문이라고 생각한다. 물론 창동 역세권 개발 사업도 좋은 호재지만, 그보다 훨씬 큰 이유가 숨어 있다.

쌍문역과 창동역·노원역을 지나 시선을 강북동 쪽으로 뻗어보면 3기 신도시로 지정된 남양·진접·왕숙지구가 한눈에 들어온다. 이곳에 신도시가 자리 잡으면 가장 큰 혜택을 보는 것이 창동을 비롯한 노원역 인근이다. 정부가 조성하는 신도시는 베드타운 성격이 강해 신도시 주민들은 서울 도심으로 이동해 소비나 여가 활동을 즐긴다. 남양주 왕숙·진접에서 가장 쉽게 접근할 수 있는 곳이 바로 노원역이다.

하지만 노원역은 한계가 있다. 주변이 이미 포화 상태인 것. 시선을 좀 더 멀리 뻗어 창동역을 지나 쌍문역까지 확장해보자. 지하철로 세 정류장이지만 거리상으로는 그렇게 멀지 않다. 쌍문로터리를 중심으로 반경 300m 안에 초등학교와 중학교·고등학교 일곱 개가 밀집해 있는데, 이는 그만큼 인구밀도가 높은 지역이라는 의미다. 노원, 창동, 쌍문이 한 권역으로 묶이면서 이미 포화 상태인 이 지역이 각종 재개발과 공공 재건축 등으로 변화할 가능성이 크다. 그리고 이 변화는 향후 3~5년 안에는 이루어질 것으로 예상된다.

　이 지역을 단순히 창동 역세권 개발 사업으로만 봐서는 안 되는 이유다. 쌍문, 창동, 노원은 함께 묶여 외부에서 유입되는 많은 인구와 이를 받아줄 상권으로 형성될 수 있는 지역이다. 창동역은 인근 지역의 메카가 되어 중심부 역할을 할 가능성이 높지만 투자자의 시선으로 볼 때 더 매력적인 지역은 창동역 근처의 주변부 경계 지역인 노원과 쌍문이다.

〈창동 개발 사업 예정지〉

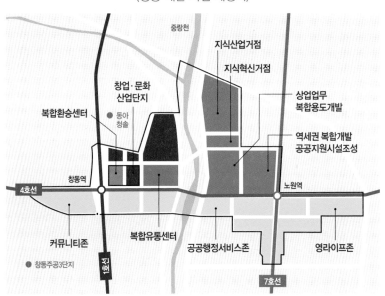

출처 : 〈매경 이코노미〉

건물 투자 비밀 노트 개정판

〈남양주 왕숙 신도시 위치도〉

출처 : 국토교통부

부동산 투자의 핵심은 개발이 예정된 지역의 주변부를 노리는 것이다. 지도를 살펴보고 2~3년 후를 상상하며 창동역 인근의 개발 예정지 투자를 설계해보는 것도 좋은 방법이다.

2024년 현재 노원역과 창동역 주변은 시세상승이 많이 되기는 했지만, 본격적인 개발 시너지를 아직 가시적으로 체감하지 못하고 있다. 향후 창동 아레나 준공 시점이 다시 한번 점프 타이밍이 아닐까? 쌍문역 주변 개발 계획을 관심 있게 지켜보고 있는 중이다.

규제지역에 해당되지
않는 건물은 없다

건물은 지역별, 입지별로 규제가 다양하다. 서울 요지는 규제에 걸리지 않는 건물을 찾기 힘들 정도다. 건물을 신축할 때 까다로운 법규나 규제에 걸리면 여러 가지로 힘들어진다. 건물을 매입하기 전 또는 신축하기 전 어떤 규제에 해당되는지, 피하는 방법은 없는지, 방법이 없다면 최소한의 비용을 들여 해결할 수 있는지 등을 살펴야 한다.

규제는 상당히 복잡하고 세부적이며 다양한 내용으로 이루어지고 있다. 같은 지역에 비슷하게 지은 건물이라 해도 신축 가능한 경우와 불가능한 경우가 있을 정도로 규제가 세부적이다.

지구단위계획, 재개발지구, 미관지구, 특별존치지구 등 규제에 묶이면 건물 층수에 제한을 받는 등 건물주의 손해가 발생한다. 어렵게 신축하더라도 건물 가격 상승에 영향을 미친다. 최악은 노후 건물을 매입했는데 신축이 불가능할 때다. 이런 상황에서는 리모델링이나 부분 개조로 규제를 피할 수 있는지 살펴봐야 한다.

규제는 1차적으로 광역자치단체에서 시행하지만, 국토교통부나 행정안전부 등 정부 부처의 필요에 따라 발생하기도 하며 각 부처 간 규제 내용이 충돌하는 아이러니한 상황이 생길 수도 있다. 결국 피해는 투자자 몫으로 돌아온다. 따라서 투자하기 전 법원이나 등기소, 각 지역의 구청을 찾거나 관련 사이트에서 규제 정책을 열람해 해당 사항이 없는지 꼼꼼히 체크해야 한다.

표시되지 않는 규제 사항

규제 사항을 확인하는 것은 어렵지 않으나, 아무리 살펴봐도 이해하기 어렵거나 알아채지 못하는 내용도 많다. 예를 들어 높이·용도·지역 규제 등 어느 것에도 해당되지 않아 안심했는데, 근처에 학교가 있어도 상관없을까? 초등학교 반경 300m 안에 건물이 있다면 노래방이나 PC방 등 유해 시설로 지정된 업종은 들어올 수 없다. 이러면 임대 구성에 제약이 따른다. 이 외에도 고분이나 사적지, 유물이나 관련 기념물 등이 있으면 건물을 새로 지을 때 높이 제한에 걸린다. 주어진 용적률을 100% 활용할 수 없으면 건물주 입장에서는 큰 손해가 될 수밖에 없다.

규제 용어는 이해하기 어렵고 복잡하다. '존치정비구역'과 '존치관리 구역'은 언뜻 비슷해보이지만, 내용은 전혀 다르다. 존치정비구역은 쉽게 말해 재개발 구역은 아니지만 향후 재개발이 추진될 가능성이 높은 곳을 의미한다. 존치관리구역은 이와 반대로 향후 재개발이 추진 될 가능성이 낮은 지역이라는 의미다. 재개발 관련 물건을 투자할 때 존치관리구역인지 존치정비구역인지에 따라 현금 청산 대상이 될 수 있으니 주의한다.

일반적 규제 외에 관할 자치단체장이 특별법을 만들기도 한다. 한강 르네상스 프로젝트, 성수 전략정비구역, 용산 정비창 개발계획 등은 특별법으로 지정된 개발 지역이다. 건물 부동산 투자를 하려면 가장 먼저 특별법이 없는지 확인해야 한다. 특별법은 가장 우위에 놓이는 법으로, 지구단위계획 등 일반 규제 사항보다 앞선다.

평범한 투자자가 규제 내용을 일일이 살펴가며 투자하기란 쉬운 일이 아니다. 하지만 요즘은 부동산 정보 대부분 인터넷이나 관련 지역 공공 기관에서 열람할 수 있다. 정부 기관 사이트로는 부동산 대책 정보 사이트 정책풀이집(www.molit.go.kr/policy/main.jsp)이 대표적이다. 투자자라면 관심 지역을 검색하는 습관을 들일 필요가 있다. 부동산 투자는 꾸준한 정보 습득과 공부가 필수다.

건물주도 마음대로 할 수 없는 규제 지역

특별히 민감하게 살펴봐야 할 규제도 있다. 전략정비구역으로 지정되면 '나 홀로 개발'이 불가능하다. 지구단위계획에 묶이기에 건물주는 조합에 가입해야 하며, 조합에서 결정된 내용을 따라야 한다. 내 건물이라도 마음대로 할 수 없는 것이 전략정비구역이다.

성수 전략정비구역은 한강과 맞닿은 성수동의 약 53만㎡ 규모의 땅에 42개 동, 8,274가구가 들어서는 대규모 개발 사업이다. 현재 성수 전략정비구역 안에 짓는 건물 최대 높이가 50층이라는 소문이 나면서 관련 개발이 활기를 띠고 있는 것이 사실이다. 하지만 특별법으로 묶여 있어 건물을 마음대로 지을 수 없다. 한남 3구역도 마찬가지다. 본인 소유 건물이라도 내 의지와 상관없이 개발 계획 대상이 될 수 있으니 투자하기가 어렵다.

택지개발지구나 토지거래허가구역은 그 안에서도 다양한 규제 장치가 세부적으로 따라온다. 토지거래허가구역은 실사용자만 건물을 매입할 수 있는데, 과밀억제권역과 맞물리면 취등록세 중과 대상이니 주의해야 한다. 압구정동·성수동·대치동·삼성동·청담동·잠실동·목동·여의도 등 서울 도심 지역의 유망한 투자 지역 대부분은 토지거래허가구역에 묶여 있다. 규제 내용에 따라 적용되는 대상물의 종류가 다를 수 있으니 각각의 내용을 세심히 살펴야 한다.

또 지역에 따라 규제 내용이 다르다. 주차 내용을 규제하는 법규의 경우 서울과 경기도가 다르다는 것을 모르고 서울에서 적용되는 법규를 경기도에 적용하려다 낭패를 볼 수도 있다. 서울에서 적용되는 주차장법은 건물 신축 시 기계식 주차를 허용한다. 주차 시설이 부족하다 보니 기계 시설을 통해 운전자 없이 주차장에 입차 가능하다.

하지만 경기도 성남은 자주식 주차장만 허용된다. 자주식 주차장

건물 투자 비밀 노트 개정판

은 운전자가 직접 차량을 운전해 주차장에 진입하는 방식이다. 작은 규모의 건물이라도 자주식 주차장을 지어야 하므로 건물 수익률이 낮아진다. 이렇게 디테일한 부분까지 법규로 규제하고 있으니 건물 신축을 계획하고 있다면 지역별로 꼼꼼히 따져보는 것이 좋다.

Case Study 9

미관지구에 걸린 재개발 상가가 알짜 투자처로 변신!

압구정동 한양아파트 맞은편에 있는 상가들은 건물 높이가 낮다. 압구정동은 과거 미관지구로 지정되어 6층 이상 건물을 지을 수 없었다. 고 박원순 시장 때 미관지구에서 해제되어 지금은 6층 이상 지을 수 있지만, 여전히 높이 제한이 있다. 압구정동은 지구단위계획, 용도 제한, 높이 제한 등 다양한 규제에 걸려 있어 개발되기까지 오랜 시간이 소요되었다. 그런데 최근 압구정동 상가를 비롯해 올림픽선수촌 아파트 상가, 은마아파트 상가 등 각종 규제에 걸려 개발을 못 하던, 낮고 오래된 상가가 금싸라기 투자처로 변신하고 있다.

최근 거래된 올림픽 선수촌 아파트 상가는 평당 4억 원이다. 10평만 해도 40억 원인데, 이마저 없어서 못 산다. 층수가 낮은 재개발 상가의 경우 대지 지분이 높아 향후 재개발했을 때 높은 시세 차익을 기대할 수 있다. 특히 상가가 입지한 곳이 상업 지구인 경우 대지 지분 가치를 더 높게 평가받을 수 있어 가격이 고공행진 중이다.

재개발구역의 상가 투자가 더 매력적인 이유는 최근 도시정비법이 바뀌어 상가 소유주도 아파트 분양권이나 입주권을 받을 수 있기 때문이다. 지분율에 따라 다르지만, 아파트 입주권 확보가 훨씬 쉬워져 상가 투자는 강남 요지의 재개발 아파트 분양권을 확보할 수 있는 좋은 기회다. 물론 재개발 상가라고 해서 무조건 투자 수익률이 높은 것은 아니기에 재개발 사업성과 대지 지분율 등을 꼼꼼히 따진 후 투자에 임하는 것이 좋다.

규제에 의한 건물 상태를 체크한다

서울은 1970년대부터 국토개발계획에 따라 기반 시설을 확충해왔다. 그러다 보니 여전히 도시가스 시설이 갖춰지지 않은 건물도 있다. 이런 건물은 LPG가스를 사용하는데, 강남구 서초동이나 반포 등지에서도 쉽게 볼 수 있다. 가스 배관이나 수도관 등 도시 시설물 기반이 미비한 시기에 지은 건물을 인수해 신축하려면 신규 건물주가 분담금을 지불하며 부족한 기반 시설을 채워 넣어야 할 수도 있다.

만약 기존 건물에 도시가스가 연결되지 않았다면 가스 배관 시설을 본인 건물까지 연장할 수 있다. 이때 비용은 건물주가 부담해야 한다. 땅을 파서 가스관을 매립해야 하니 공사가 커질 수밖에 없고, 경우에 따라 몇억 원이 들 수도 있다. 규모가 작은 꼬마 빌딩 한 채 신축하는 데 몇억 원을 추가로 내야 하니 포기하고 결국 LPG가스를 사용하는 건물을 짓는 경우도 있다.

전기 시설도 마찬가지다. 수십 년 전에 지은 건물은 전기 설비 용량이 지금보다 턱없이 작았다. 전산실이나 데이터센터 등 전기를 많이 사용하는 시설을 갖춰야 하는 임차사의 경우 전기 설비 용량이 작으면 문제가 발생한다. 따라서 노후 건물을 매입해 신축할 계획이라면 전기 설비 용량이 현재 기준치를 충족시키는지 꼭 확인해야 한다.

과거 규제 정책 때문에 설치하지 못했거나 미비한 시설이 있다면, 매도자와 협의해 신규 설치 비용을 줄일 수 있는 방안을 찾아야 한다. 건물을 파는 입장에서도 기반 시설이 미비하다는 것을 알고 있으니 얼마간 가격을 깎아주는 경향이 있다. 이렇게 협상을 통해 비용 발생 부분을 줄일 수 있다.

Part 6

스페셜 리포트 : 미래 가치 분석! 서울 유망 지역 베스트 5

01

강북 최대 중심지로
떠오른 용산

용산의 최대 강점은 지리적 입지가 탁월하다는 것이다. 한강이 지척이며, 남산과 서울 도심이 코앞에 펼쳐진다. 하지만 이런 좋은 입지 조건에도 불구하고 그동안 각종 규제와 제한에 묶여 10년간 개발이 지지부진했던 것도 사실이다. 지금은 용산 정비창 개발이 본격화되면서 거대한 국제업무지구로 탈바꿈할 날을 고대하는 상황이다.

새로운 도시가 생긴다! 용산 정비창 국제업무지구

용산 정비창 부지는 규모가 큰 데다 국제업무지구로 계획에 포함되면서 매머드급 개발 계획이 예정되어 있다. 업무지구에는 최소

〈용산역 주변 대형 개발 프로젝트〉

NO	특별계획구역 명칭	개발 현황
#21	용산역사지구	용산역사/아이파크몰/면세점
#22	용산역 전면 I	래미안용산더센트럴
#22-1	용산역 전면 II	용산푸르지오써밋
#23	용산우체국 주변	공동주택 예정
#24	태평양 부지	아모레퍼시픽 사옥
#25	국제빌딩 주변 I	용산센트럴파크해링턴스퀘어
#25-1	국제빌딩 주변 II	LS용산타워
#29	정비창 전면	문화집회/판매/업무시설
#32	빗물펌프장 주변	문화집회/판매/업무시설
#33	정류장 부지	용산트레이드센터
#34	정류장 부지 동측	공동주택 예정
#35	용산세무서 주변	공동주택/ 공공업무 예정
#36	아세아아파트	공동주택 예정

NO	특별계획구역 명칭	개발 현황
#37	한강로3가 65-100 일대	공동주택 예정
#38	용산국제업무지구	업무/금융/주거/공공행정
#39	특별계획 구역 아님	LG유플러스 사옥
#40	특별계획 구역 아님	한강트럼프월드

35~40층 이상 고층 건물이 들어서는데, 컨벤션센터·쇼핑센터·공공주택에 이르기까지 아예 하나의 도시를 새로 만든다고 봐도 무방하다. 현재 국내 대기업이 엄청난 예산을 들여 선투자를 진행했으며, 지금도 다양한 종류의 투자가 이루어지고 있다.

용산 정비창 국제업무지구 외 인근의 개발 현황을 보면 용산의 향후 미래 가치를 가늠해볼 수 있다. 우선 정비창 맞은편의 정비창 전면 1구역은 2021년 8월 조합설립인가가 마무리되어 곧 대규모 개발이 기대되는 지역이다. 지하철 4호선 신용산역 대로변을 중심으로 1호선 용산역 방향의 오른쪽은 토지거래허가구역이다.

반대쪽은 현재 용산센트럴파크해링턴스퀘어가 들어섰는데, 이 일대는 개발 진행이 거의 완료되는 시점이다. 용산공원 인근은 다양한 이슈가 산적해 있지만, 시간이 지나면서 향후 가치 역시 수직 상승할 것으로 기대를 모으고 있다.

현재 용산 토지거래허가구역으로 묶인 지역은 매물이 거의 없다. 반면 정비창 특별계획구역으로 지정된 지역은 군데군데 매물이 조금씩 나오고 있어 소규모 주택 투자는 가능해 보인다. 오래된 구축은 주거 공간으로 활용하기보다 카페 등으로 리모델링해 개발 기회를 노려볼 수 있지만, 당장 높은 임대 수익을 기대하기는 어려운 형편이다. 용산은 잠재 가치가 높은 반면, 개발하는 데 시간이 오래 걸릴 수 있어 인내하는 투자자에게 유리한 지역이다.

자본금과 시간 여유 두고 투자

용산 인근의 개발 사업을 다각도로 살펴보면 향후 10년 안에 전혀 다른 모습으로 바뀔 가능성이 크다. 사실 부연 설명이 필요 없을 만큼 유망한 지역이라 이미 많은 투자자가 정보를 갖고 있다. 단점은 투자 금액이 많아야 진입이 가능하다는 것이다. 따라서 자본금이 어느 정도 여유 있는 투자자들이 접근 가능하며, 시간 싸움에서 버틸 수 있는 사람이 유리하다. 만약 60~70대 투자자라면 다음 세대를 위한 투자처로 추천할 만한 지역이다. 투자가 쉽지 않은 만큼 투자 대비 자본 수익률이 상당할 지역이기에 들어갈 수만 있다면 돈 버는 확실한 투자처다.

2024년 현재, 용산은 변죽만 울리고 있다. 3년이 지난 지금도 변화는 없고 선제적으로 투자한 투자자들을 희망고문 중이다. 투자의 빛을 보려면 10년 이후에나 가능할까?

배산임수의 명당, 한남뉴타운

훌륭한 입지와 미래 가치 덕에 한남동은 오래전부터 많은 사람이 관심을 기울여왔다. 이미 지가가 상당히 오른 데다 초기 투자 비용이 높다는 단점이 있지만 시간이 문제일 뿐 의심할 여지 없는 곳으로, 투자 수익률은 최고 수준을 기대할 수 있다.

〈한남뉴타운 개발 현황〉

구역	세대	개발 현황
한남1구역		정비구역 해제
한남2구역	총 1537세대	조합원 분양신청 완료 / 관리처분인가 준비 중
한남3구역	총 5816세대	이주 완료 / 현대건설
한남4구역	총 2331세대	건축심의 통과 / 시공사 선정 중
한남5구역	총 2592세대	건축심의 통과 / 시공사 선정 중

동 : ① 한남더힐 ② 나인원한남 ③ 유엔빌리지
서 : 용산민족공원, 동부이촌동, 서빙고 ④ 유엔사 ⑤ 수송부 남 : 한강 남향 조망권 / 한강 건너 압구
정, 반포
북: 남산 ⑥ 한남동 고급 주택

좋은 입지에 신분당선으로 교통 문제까지 해결

서울에서 명당으로 불리는 한남동은 정치인과 기업가, 유명 연예인
의 인기 주거지역으로 꼽히며, 풍수지리적으로도 터가 좋기로 유명하다.
한강을 앞에 둔 전형적 배산임수의 입지 조건을 갖춘 것도 특징이다.

기존의 한남동은 인근에 쉽게 이용할 만한 지하철이 없어 다른 지
역보다 교통이 불편했던 것이 사실이다. 하지만 신분당선이 한남을
관통해 용산까지 이어지면서 그동안 약점으로 지적되어온 지하철 문
제가 해결되어 앞으로는 날개를 달게 되었다. 신분당선은 신사역·논

현역·강남역·양재역을 잇는 강남대로 라인으로, 이 노선이 한남동을 거쳐 동빙고·용산역으로 들어갈 예정이다. 강남 한복판의 인프라를 그대로 끌고 오는 것은 물론 분당·정자까지 이어지는 황금 노선이라고 할 수 있다. 이 신분당선 연결의 수혜를 고스란히 받는 지역이 바로 한남동이다.

한남5구역 중심으로 투자

한남뉴타운은 1구역부터 5구역까지 계획되어 있다. 한남5구역은 한남 뉴타운 중에서도 가장 입지가 좋은 곳으로 평가받고 있다. 고속터미널에서 반포대교를 넘어오면 바로 오른쪽에 자리하는데, 한남동에서도 사통팔달의 핵심지역으로 꼽힌다. 앞으로 인근에 동빙고역이 들어올 예정이며, 유엔사 부지와 수송부 부지 등 널찍한 부지를 갖춰 개발의 핵심지역으로 떠오르고 있다. 그중 유엔사 부지는 어느 유명 건설사에서 1조 원에 사들인 것으로 알려졌다. 지금까지 변전소 때문에 개발이 지연되어왔으나 이 문제가 해결됨으로써 사업을 본격적으로 시작할 수 있게 되었다. 따라서 한남5구역은 투자하기에 가장 좋은 곳이며, 재개발 물건이 아니더라도 아파트 투자 정도는 해볼 만하다. 한남5구역 개발이 시작되면 한남4구역도 자연스럽게 따라올 가능성이 높다.

한남뉴타운 중 개발하기 가장 어려운 지역은 한남1구역이다. 정비구역이 해제되면서 다시 개발 계획을 시작해야 하기 때문에 한남1구역 투자는 쉽지 않아 보인다. 한남3구역은 높이 제한에 걸려 중저층 고급 아파트 단지 위주로 들어설 예정이다. 규모 면에서는 가장 넓은 지역이기에 개발 후 한남동의 가장 큰 변화를 견인할 것으로 보인다. 강변 고가 바로 옆에 위치해 조망권이 좋지 않지만, 시장에 나온 매물이 거의 없는 데다 있다고 해도 평당 1억 원이 넘는다. 이미 지가가 상당해서 높은 투자 수익을 기대하기는 어렵다.

한남뉴타운은 개발 계획의 전체를 머릿속에 그려보고, 나중에 이 곳이 어떻게 변화하고 발전할 것인지 구체적으로 상상해야 한다. 짧게는 5년, 길게는 10년 정도 장기 투자 개념으로 접근해야 하는 단점이 있지만, 10년 후 가치는 현재의 2~3배를 뛰어넘을 만큼 매력적이다.

3년이 지난 2024년 지금, 가시적인 진행은 되고 있으나, 건물 투자처로써 추천은 보류하고 있는 지역이다. 2030년 이후에나 가능할까?

한강 변 초고층 랜드마크, 성수 전략정비구역

성수동은 강남과 강북의 요충지에 있으며, 교통과 인프라가 일정 수준 이상 갖춰진 곳 중 하나다. 서울 시내 한복판이라는 지리적 이점과 사통팔달의 교통 환경, 충분한 생활 기반 시설 확충 등 다양한 장점이 있지만, 상대적으로 덜 개발되어 향후 높은 개발 이익을 누릴 곳으로 점치고 있다.

성수 전략정비구역의 매력적인 배후 지역

성수 전략정비구역은 개발 계획을 세운 뒤 상당한 시간이 흘렀고, 사업 규모도 큰 데다 현재 개발이 진행되고 있기에 용산이나 한남보

출처 : 서울특별시 정비사업 정보몽땅(cleanup.seoul.go.kr)

다는 빠른 시간 안에 마무리될 것으로 보인다. 이 지역은 아파트 위주로 공급이 이루어지고 있으며, 사생활이 보장되는 고급 주거 단지로 탈바꿈할 예정이다. 인근 서울숲 주변에 들어선 초고층 주상복합아파트는 이미 50억~80억 원을 호가한다. 프라이빗한 생활은 물론 숲세권이라 수준 높은 문화생활을 누릴 수 있어 기업가나 연예계 종사자에게 인기가 높다. 성수동 역시 한남동과 마찬가지로 한강을 남쪽으로 조망하는 탁월한 입지 조건을 갖추고 있다.

성수 전략정비구역이 아파트 등 주거 시설 위주로 개발되고 있기에 일반 상업 시설이나 건물 투자에 관심이 있다면, 전략정비구역 뒤편의 배후 지역을 눈여겨볼 필요가 있다. 성수역과 뚝섬역 사이에 있으며, 서울에서도 얼마 남지 않은 준공업지역이다. 현재 이곳에는 노후한 공장이 아직도 많이 남아 있으며, 정부가 다양한 정책과 혜택을 실시해 개발을 적극적으로 유도하고 있다. 규제가 한 번 풀릴 때마다 가격이 뛰고 있다. 실제로 이곳에 오피스텔이나 상업 건물을 신축하면 개발 이익의 상당 부분을 원소유주가 가져갈 수 있어 투자 매력도가 높다.

엔터테인먼트와 벤처 회사 등
젊은이들의 새로운 성지

성수동은 고급 주상복합아파트뿐 아니라 한국 엔터테인먼트 산업계의 중심지가 될 가능성이 높다. 최근 SM엔터테인먼트가 이곳으로 이전했으며, 이를 필두로 굵직한 엔터테인먼트 회사들이 입주할 것으로 예상된다. 또 벤처 회사와 각종 IT 회사들이 들어와 새로운 IT 허브로 거듭나고 있다. 지식산업센터가 들어서면서 젊고 감각 있는 벤처 회사들이 둥지를 틀었고, MZ세대가 열광하는 각종 트렌드와 문화 생산 기지 역할을 톡톡히 하고 있다. 강남 테헤란로가 30~50대가 활동하는 금융·IT 생태계라면, 성수동은 20~30대 젊은 세대가 모이는 문화의 성지가 되고 있다. 과거 이태원이나 경리단길과는 사뭇 다른 양상으로 진화되면서 성수동에 대한 투자 매력은 더욱 높아질 것이다.

단점은 성수동 역시 초기 자본이 많이 든다는 것이다. 건물을 보유하는 동안 별도의 임대 수익이나 자본 수익이 발생하기 어렵기 때문에 투자금에 여유 있는 사람들이 접근 가능한 지역이다. 그러나 미래 가치는 충분하다고 볼 수 있다.

빌딩의 신이 추천했던 3년 전과 지금은 다른 시각이다. 이제는 투자 보류 지역이다. 성수전략정비구역 투자는 2030년 이후를 기대해 본다.

교통 호재로 각광받는
천호 & 성내 재정비촉진지구

용산·한남·성수 등은 인기가 워낙 높아 이미 알 만한 사람들은 다 안다고 해도 과언이 아니다. 하지만 천호와 성내 재정비촉진지구는 사람들의 관심이 상대적으로 덜한 지역으로, 훨씬 더 매력적인 투자처가 될 수 있다.

세종~포천고속도로와 지하철 개발 호재

부동산 시장에서 논외로 취급받던 강동구가 강남구·서초구·송파구와 함께 강남4구로 불리며 강남권으로 묶인 것은 최근의 일이다. '미운 오리 새끼' 취급을 받던 강동구가 강남 4구로 불리게 된 것은 세종

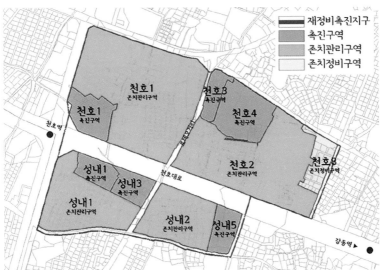

천호 & 성내 재정비촉진지구 세부 구역
촉진구역(6) 정비구역(1), 존치 관리(4) 등 총 11개 구역

출처 : 강동구청 도시계획과(2021년 7월 기준)

~포천고속도로 덕분이다. 경부고속도로의 뒤를 이어 향후 우리나라의 정치·행정·물류의 중심축이 될 것으로 예상된다. 중요한 점은 세종~포천고속도로의 서울나들목이 강동구와 명일동·고덕동과 인접하다는 것이다. 이곳에서 세종까지 차로 한 시간이면 닿을 수 있다는 이야기다. 강남에 경부고속도로가 뚫리면서 개발 호재가 쏟아진 것처럼 강동구 역시 세종~포천고속도로의 후광 효과를 톡톡히 보게 된다.

고속도로뿐이 아니다. 현재 이곳은 강동구를 관통하는 지하철 노선이 속속 추가되고 있다. 5호선 직결 노선, 8호선 연장선, 9호선 4단계 연장선, GTX 하남위례선, 위례신사선 등 총 다섯 개 전철 노선이 확정되었거나 진행될 예정이다. 고속도로에 더해 촘촘한 지하철 라인까지 연결되면서 한강 동쪽에 치우친 지리적 단점이 보완되고 있다.

강동구에서 시야를 넓히면 하남과 미사지구, 교산신도시 등으로 확장된다. 이미 개발 광풍이 거센 지역으로, 서울로 입성하는 길목에 강동구가 자리한다고 볼 수 있다. 세 개의 위성도시를 아우르는 지리적 이점을 톡톡히 누릴 수 있는 곳이 바로 강동구다.

초기 투자 비용이 적은 매력적인 투자처

건물 투자자라면 강동구 최대 상업지역인 천호와 길동사거리 주변에 관심을 기울여야 한다. 최근 천호동은 천지개벽하고 있다고 해도 과언이 아니다. 천호동에서 길동사거리까지 변화하는 속도가 강남 4

구 중 가장 빠르다. 최소 40층 이상 초고층 건물의 각축장이 되고 있으며, 향후 다양한 상업 시설과 인프라를 새롭게 구축할 예정이다.

한 도시의 개발이 마무리되면 살던 사람이 바뀌고, 도시의 업그레이드가 이루어진다. 사람들은 비용을 좀 더 지불하더라도 깨끗하고 쾌적한 주거 공간에 살고 싶어 한다. 강동구와 이웃한 강남구는 개발된 지 40여 년이 지나 하수구 등 기반 시설이 많이 취약하다. 사람들이 강남을 대체할 만한 후보 지역으로 강동구를 꼽는 이유다.

세종~포천고속도로는 2025년에 전 구간이 개통될 예정이며, 2022년에는 하남부터 안성까지 1단계 구간이 먼저 개통된다. 강동구의 변화는 1단계 개통과 더불어 더욱 빠르게 진행될 것으로 보이며, 4~5년 안에 새로운 거점 지역으로 탄생할 예정이다. 이곳의 장점은 용산이나 한남, 성수에 비해 초기 투자 비용이 적게 든다는 것이다. 2020년에 건물을 매입한 투자자가 2021년 현재 약 40%의 투자 수익을 올린 사례도 나오는 것을 보면, 현재 시점에서 가장 매력적인 투자처 중 하나다.

강동구는 앞으로 5년은 투자 유망한 지속적인 발전이 가능한 지역으로 보고 있다. 재건축 입주, 고속도로 개통, 지하철 개통, 재개발, 고덕밸리 등 그야말로 호재가 가득한 지역이다!

안정적 투자 수익 기대되는 구의 & 자양 재정비촉진지구

구의·자양 재정비촉진지구는 호재가 많다기보다 안정적 개발 이익이 기대되는 지역이다. 과거 동부지방법원이나 우편집중국 등 공공청사들이 이전하면서 주변 노후 지역과 함께 묶여 복합 개발이 예상된다.

좋은 입지와 쾌적한 주거 환경

구의·자양동은 상당한 수준의 교통 시설과 생활 환경이 갖춰져 있다. 특히 2호선 강변역·구의역·건대입구역과 인접해 이곳의 인프라를 흡수하고 있다. 게다가 한강변에 자리한 동서울터미널이 복합 개발되

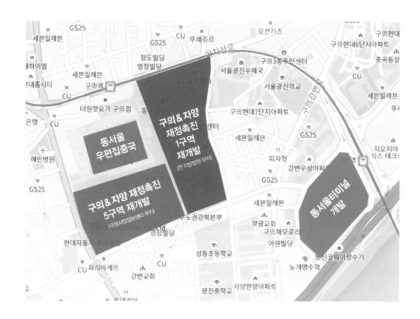

면 교통·업무·쇼핑 등을 한 곳에서 해결할 수 있다. 주변 아파트 가격이나 지가가 오르는 상승 효과를 노려볼 만하다.

사실 이곳 개발의 핵심은 주거 공간이다. 다양한 고층 아파트가 들어서면서 쾌적한 주거 환경을 지닌 입지로 재탄생하게 되며, 복합 시설 등과 함께 시너지를 내면 그 가치는 더욱 높아질 것이다. 현재 개발이 진행되고 있어 향후 5년 안에 완료될 것으로 보이는 만큼 꾸준한 상승과 안정적 투자 모델로 일반인이 선호하는 입지가 바로 구의·자양동이라고 할 수 있다.

구의·자양동은 주거지로 추천지역이다. 개발이 시작되어 2~3년 이후가 더욱 기대되는 지역이다(2027년 이후 관심 지역).

TIP) 2024년 변화된 지역, 이제 투자는 어디에 할까?

1. 영등포구 : 제2의 성수를 꿈꾼다.

영등포구청역~영등포시장역~문래역 주변을 살펴보자.

2. 은평구 : 연신내~불광역~구산역

사람이 많은 곳은 기본은 한다. 본격 재개발, 신도시 호재, 인접지역 교통호재는 기본이다.

지속적인 상승이 기대되는 지역이다.

3. 강남구 : 강남구도 힘들다. 향후 2~3년이 고비다.

인플레이션 효과가 자산 가격에 반영되는 때를 버텨낼 수 있어야 한다. 지금은 보릿고개를 지나는 시기다. 그래도 강남이라면 신사, 압구정, 청담, 논현 투자를 추천한다.

4. 종로구 : 종각~종로3가~동묘앞역

구시가지 영광을 재현하는 때를 기대해본다.

Part 7

투자 수익률과
가치 모두 올리기

리모델링 가능한
건물을 찾아라

노후 건물을 매입한 뒤 신축이나 리모델링을 통해 업그레이드하면 건물의 부가가치는 수직 상승한다. 가격은 저렴한 반면, 조금만 투자해도 높은 수익률을 기대할 수 있기 때문이다. 최근 낡은 건물의 '손바꿈'이 자주 일어나는 건 바로 이런 투자 장점 때문인데, 눈치 빠른 투자자는 일부러 낡은 건물만 찾아다닌다.

서울의 3종 일반 주거지역에 건물을 신축하면 용적률 250%를 적용받는다. 그런데 같은 3종 일반 주거지역임에도 1990년대 후반부터 2000년대 초까지 지은 건물은 용적률이 300%다. 정부에서 경제 활성화를 위해 한시적으로 용적률을 완화하면서 건축물 신축 붐이 일어난 덕분이다. 당시 지은 건물 중에는 용적률 350%를 적용받은 경우도 있다. 투자자라면 예리하게 이런 건물을 골라내야 한다.

일반적으로 상업 지구에 위치한 건물은 용적률 800%를 적용받는다. 하지만 지구단위계획이나 특별법 등으로 상업 지구라도 용적률이 600%인 곳이 많고, 심하게는 용적률 250%를 적용받는 지역도 있다. 대표적 지역이 노량진인데, 노량진역 뒤편의 상업지역은 용도지구 제한구역으로 묶여 있어 용적률 250~600%까지 적용된다. 상업지역은 다른 지역에 비해 땅값이 비싸기 때문에 개발을 못 하면 치명적이다. 따라서 현장을 방문해 규제 내용을 확인해야 하는데, 특히 용적률 관련 부분은 반드시 체크할 필요가 있다.

용적률이 높은 구축 건물은 리모델링하는 것이 훨씬 이득이다. 건물을 부수고 새로 지으면 건축비가 높아질뿐더러 현재 기준인 용적률 250%를 적용받아 원래 건물보다 연면적이 줄어들기 때문이다.

리모델링을 할 때는 공용 영역에 공들여야 한다. 화장실이나 계단, 엘리베이터와 복도, 주차장과 테라스 등 건물의 공용부에 신경 써야 한다. 임대 공간은 임차사들이 인테리어를 하고 입주하기 때문에 따로 비용을 지불할 필요 없다. 공용부는 기존 구조에서 약간만 변경하면 면적을 늘리거나 용도를 바꿀 수도 있다. 법이 허용하는 범위 안에서 공용부의 퀄리티를 높이면 건물 이용객과 임차사의 편의성이 높아질 뿐 아니라 되팔 때도 플러스 요소로 작용한다.

만약 용적률을 모르고 매입했다면 최대한 용적률을 확보할 수 있는 방법을 찾아야 한다. 기부 체납, 공개 공지, 친환경 건물 등 방법은 다양하다. 친환경 건축물로 계획할 경우 태양광발전, 중수 이용 시설, 건물 열효율을 높이는 고성능 복합 로이유리 사용 등으로 용적률 완화를 적용받을 수 있다. 물론 먼저 건축비를 따져봐야 한다. 친환경

건축물은 고가의 자재를 사용하다 보니 평당 건축 단가가 높기 때문에 용적률을 확보하겠다고 건축비를 더 들이면 수지타산이 맞지 않는다. 재건축 여부를 결정할 때는 용적률을 높이거나 층수 확보보다 투자비 대비 효율이 높은지 확인해야 한다.

재건축, 두려워하지 않아도 되는 이유

건물 재건축은 짧은 시간 안에 높은 수익을 올릴 수 있는 건물 밸류업(Value up)의 가장 확실한 수단이다. 그러다 보니 한동안 꼬마 빌딩 투자 방법으로 각광받았고, 지금도 유효하다.

하지만 재건축은 평범한 개인 투자자가 진입하기엔 장벽이 너무 높다. 건물을 새로 짓는 일은 흔히 '개발업자'라 부르는 전문가의 영역으로 간주되는데, 과정이 힘들고 복잡하기 때문이다. 건축물의 설계와 시공·감리뿐 아니라 각종 규제와 건축법규를 꿰고 있어야 하는데다 현장 노동자를 상대하는 등 힘들고 거친 상황과 맞닥뜨려야 한다. 신규 건축 사업을 수행해 목적물로 만들어내는 과정이 고단하다는 것이다. 그래서 대부분의 투자자는 재건축을 일괄적으로 맡아 진행하는 업자에게 대행을 시킨다. 비용이 들더라도 훨씬 수월하기 때문이다. 건물 매매를 전문으로 하는 부동산 중개업소 중에는 건물 매입 단계부터 중개, 임대 관리, 매각 심지어 건축물 리모델링이나 재건축까지 원스톱 서비스로 진행하는 곳이 있다. 이런 회사들은 각 단계

마다 해당 전문가와 연계해 일을 추진하며 설계사나 시공사·시행사·감리 등 전반에 걸쳐 협업 시스템을 갖추고 있다. 업체 선정부터 가격 비교, 원가 절감 방안 등을 함께 계획하고 세무·회계·감정평가 등 일 처리도 대행해준다. 자신이 직접 건물을 짓지 않는다면 A부터 Z까지 모든 서비스를 제공하는 회사를 찾아 협업하는 것도 방법이다.

Case Study 10

리모델링으로 147억 원 건물 가치를 240억 원으로 레벨업하다!

법인 사업체 D는 부품·장비업 전문으로, 국가에서 장려하는 미래 선도 기업으로 인정받아 다양한 정부 지원 혜택을 받게 됐다. 그중 초저금리로 대출을 받아 시설 투자금으로 사용할 수 있는 부분이 무척 매력적이었다. D 회사는 신용산역 근처 건물의 매입을 원했다. 결국 1.98% 금리로 사업 자금을 대출받아 6층 규모의 147억 원 건물을 매입했다.

용산은 토지거래허가구역 외에도 각종 특별법 규제가 걸려 있어 개발하기가 까다로운 지역이다. 그래서 신축 대신 리모델링으로 건물을 탈바꿈시키기로 계획했다. 기존 임차사는 그대로 둔 채 4개월간 리모델링을 진행했다. 리모델링은 시간이 짧게 걸리고 금융 비용이 적게 들어 투자자 입장에서는 효율적이다.

건물은 환승역인 용산역과 4호선인 신용산역을 수월하게 이용할 수 있는 초역세권에 자리해 있었다. BTS 본사가 이전하면서 향후 K-팝 거점 지역으로 거듭날 가능성이 높고, 인근 오피스텔은 방 하나와 거실, 부엌 등으로 구성된 23평이 시세 17억~22억 원을 형성하고 있다. 오피스텔 월 임대료는 350만 원 수준이다.

4개월의 리모델링이 끝나고 신축 분위기로 업그레이드된 건물이 탄생했다. 이 건물의 세 개 층은 D 회사가 사용하고, 나머지 층은 임대할 계획이다. 새로운 임차사를 구성하기 위해 MD 구성을 계획하면서 신용산역 인근 유동 인구 조사를 통해 공유 오피스를 넣으면 좋겠다는 판단을 내렸다. 오피스텔 월 임대료 350만 원으로, 월 70만~80만 원의 공유 오피스 사용료라면 충분히 대체될 수 있기 때문이다.

매입 단계부터 리모델링, 임대 MD 구성, 매각에 이르는 모든 과정을 빌딩 전문 컨설팅업체와 협업해 진행한 결과다. 현재 이 건물은 약 240억 원의 매매가를 형성하고 있다.

[이후 이야기]
3년이 지난 지금 사업이 어려워지면서 건물 매각을 추진 중이다. 하지만 경제 사정이 어렵다보니, 상승한 시세만큼을 부담하고 투자할 매수자를 찾기 쉽지 않아 어려움을 겪고 있다. 매각만 된다면 투자는 성공적인 결과다.

구축과 신축 건물, 어느 쪽이 좋을까?

강남은 조성된 지 30여 년이 지나다 보니 낡은 건물이 많은 편이다. 사실 강남만 그런 것은 아니다. 종로나 인사동만 해도 1970년대에 지은 건물이 즐비하다. 어림잡아 서울 도심에 있는 건물 세 채 중 두 채는 노후 건물이라는 예상이 가능하다. 노후 건물의 비율이 높다 보니 새로 짓거나 리모델링한 건물의 인기가 높을 수밖에 없다. 새 건물은 임차인의 수요가 많고, 임대료가 훨씬 높게 책정된다. 한 동네에 나란히 붙어 있는 건물임에도 신축과 구축의 임대료가 두 배 이상 차이 나는 경우도 있다.

같은 지역에 있다고 가정할 때, 신축 건물과 구축 건물의 땅값은 큰 차이가 없다. 차이가 나는 것은 건물 가격이다. 똑같은 건물이라도 한쪽이 평당 1억 원인 반면, 다른 한쪽은 신축을 통해 평당 1억 5,000만 원이 되기도 한다. 신축 건물은 새로 짓는 데 막대한 투자비가 들 어간 만큼 투자 대비 수익률이 높아지는 건 당연하다.

구축 건물을 100억 원에 매입한 후 다시 10억 원을 투자해 리모델링하면 건물의 가치는 150억 원으로 뛰어오른다. 이것이 가능한 이유는 해당 건물의 임대료 상승 덕분이다. 시세 100억 원 상당의 구축 건물 임대료 수입이 2~3%라면 리모델링 후에는 3~4%로 높아진다. 시세 100억 원 상당의 구축 건물에 50억 원을 들여 신축했다면, 건물 가격은 200억 원으로 더 높게 뛰어오른다.

강남 르네상스호텔 자리에 새롭게 들어선 초대형 복합 건물 '센터

필드'는 유명 외국계 기업들이 앞다퉈 입주한 것으로 유명한데, 주변의 비슷한 건물에 비해 임대료가 30% 이상 높다. 임대료가 높음에도 우량 임차인이 입주한 덕에 건물 가치는 다시 상승하는 동반 효과를 누리고 있다.

임대료가 비싸도 입주하겠다는 의사를 보이는 우량 임차인이 넘쳐나는 시대에는 신축 건물의 후광 효과가 큰 힘을 발휘하는 법이다. 이처럼 건물 가치 산정 기준을 이해해야 건물 투자에 대한 혜안을 얻을 수 있다.

Case Study 11

신축 vs 리모델링 중 어느 쪽이 유리할까?

잠실에 있는 38년 된 구축 건물을 매입한 A. 매입할 당시 건물은 대지 면적 89평 규모의 3층 건물로, 시세는 53억 원 수준이었다. 이 지역은 3종 일반 주거지역으로 용적률 250%를 적용받는다. A가 각각 신축과 리모델링을 진행할 경우 투자 수익률이 어떻게 달라지는지 살펴보자.

다음 표를 보면 신축을 진행할 경우 리모델링에 비해 투자 수익이 세 배 이상 높아지는 것을 알 수 있다. 신축 건물인 경우 임대료 수준이 높고, 매각할 때 리모델링보다 높은 가격을 받을 수 있기 때문이다.

〈매매가 53억 원 건물을 매입해 공사를 진행할 경우〉

	신축	리모델링(증축)
용적률	250%	250%
바닥 면적	36.4평	44평
층수	6층(지하 1층 포함)	5층(지하 1층 포함)
연면적	263평	263평
공사비	19억 2,000만 원	12억 8,000만 원
총소요 비용 (건물 매입비, 건축비 등 제반 비용 포함)	76억 원	69억 원
공사 후 임대 면적	263평	263평
연간 임대 수입	3억 2,300만 원	2억 8,800만 원
임대 수익률	3%	3%
향후 예상 매각 가격	107억 원	96억 원
투자 수익률	34.9%	11.05%

TIP 　30년 이상된 노후 건물이라면 땅값 기준으로 평당 1억 원이 넘는 지역은 신축이 유리한 경우가 많다. 신축은 지금 시점이 가장 저렴할 것이다. 이제 건물에 대한 자산평가도 다시 이루어질 것이다.

임대 구성만으로
부가가치를 높일 수 있다

건물은 공간을 임대하고 그 대가로 임대료를 받아 수익을 내는 수익형 부동산이다. 건물 가격을 산정할 때 임대료가 기준이 되는 건 바로 그런 이유에서다. 건물의 가치는 임대료로 결정되며, 임대료가 높아지면 건물 가격도 상승한다. 건물 임대료를 높이는 방법은 간단하다. 임차인이 그 건물에 들어가 일하고 싶게 만들어야 한다. 주변의 비슷한 건물 사이에서 임차인을 끌어당길 만한 요소가 있으면 임대료를 높게 책정할 수 있다.

건물은 임대료가 낮다고 해서 단순히 투자 경쟁력이 높아지는 것이 아니다. 실제로 건물에 들어와 사업을 벌이는 임차인들은 임대료보다 건물의 효용성을 민감하게 따진다. 상점을 이용하는 고객들은 주차하기 어렵거나, 엘리베이터가 없어 계단을 이용하거나 화장실이 낡아 사용하기 불편하면 그 건물을 다시 찾지 않는다. 임차인 입장에서는 낡고 노후한 건물에 들어가 사업을 벌이기가 쉽지 않다.

주차하기 쉽고 엘리베이터와 화장실이 쾌적하며, 보안 시설이나 화

216

재 시설이 잘 갖춰진 건물은 방문객의 선호도가 높다. 손님이 늘어나면 임차인의 매출 증가로 이어지며, 매출이 높아지면 임대료가 높더라도 이를 감당할 수 있다. 임차인이 무조건 임대료가 저렴한 건물을 찾는다는 생각은 낡고 고루한 사고방식이다.

건물을 임대해 회사를 운영하는 법인 입장도 마찬가지다. 회사 사옥으로 사용할 건물을 새롭게 임대하려고 할 때 오너가 직접 나서지 않고 담당 직원을 통해 임차할 건물을 알아보곤 한다. 담당 직원은 회사 경영자의 마음으로 건물을 살피겠지만, 실은 사용자로서 직관에 더 영향을 받는다. 종일 회사에 머물며 일해야 하는 건 자신이다 보니 낡고 오래된 건물보다는 최신식 시설로 도배된 세련되고 깔끔한 건물에 마음이 갈 수밖에 없다. 회사에 들어가 자신의 선호도가 반영된 보고서를 작성할 가능성이 높다.

오너 입장에서도 건물을 임대할 때 다양한 요소를 고려한다. 임대료도 물론 중요하다. 하지만 임대료 때문에 직원들의 사기가 꺾인다면 이는 고민해봐야 할 문제다. 매달 내는 임대료는 회사 비용으로 처리되고, 세금도 절약할 수 있다. 직원의 사기가 높아져 회사가 성장할 수 있다면 그게 더 큰 이익이다.

신축 건물에 입주하면 비즈니스를 할 때 회사 이미지에도 도움이 된다. 직원의 복리 후생이나 근무 환경에 신경을 많이 쓰는 좋은 회사처럼 보이고, 임대료가 비싼 건물에 들어와 있으니 회사가 돈을 잘 번다고 생각한다. 건물에 드나드는 사람들은 같은 건물에 입주한 다른 회사에 관심이 높아 결과적으로 회사의 간접 홍보가 이루어질 수 있다. 신축 건물에 입주한 것 자체로 마케팅 효과를 볼 수 있다.

임대 구성을 잘하는 방법

유통업계에서 상품을 기획하거나 구성하는 일을 MD(Merchandiser)라고 부르는 것처럼 부동산 업계에서도 건물 임대를 기획하고 진행하는 것을 MD라고 한다. 층별 또는 상황별로 어떤 임차사를 들일지 구성하는 일이 임대 MD업이다.

건물 가치는 임대 MD 구성의 영향을 많이 받는다. 단적인 예로, 같은 건물이라 해도 고시원이 있을 때와 브랜드 인지도 높은 프랜차이즈가 있을 때 매매 가격에 차이가 발생한다. 임대 구성은 건물 이미지나 건물 관리 영역과도 이어진다. 깔끔하고 관리하기 편한 업종이 들어섰는지, 번잡스럽고 관리하기 어려운 업종이 들어섰는지에 따라 건물 가치뿐 아니라 매매 선호도에 영향을 미친다.

건물주는 당연히 건물 가치를 높일 수 있는 임대 구성을 원한다. 하지만 이는 마음대로 되지 않으며, 손해를 감수하고 오래 기다려야 하는 등 인내심이 필요하다. 공실 발생을 줄이기 위해 대충 임대하다 보면 건물 가치를 하락시키는 임대 구성으로 결말이 나기 십상이다. 임차인 입장에서는 교통이나 주차가 편리한지, 유동 인구가 많고 상권이 좋은지, 건물이 깔끔하고 사용하기 편한지, 또는 건물 임대료가 적정한지, 인근에 비슷한 업종이나 지점이 없는지 등 여러 조건을 따져보고 입주를 결정한다. 건물주와 임차인의 이해관계가 맞아떨어지기 쉽지 않다는 이야기다.

따라서 임차인이 선호하는 건물의 조건을 맞추기 위해 노력해야 하며, 무엇보다 시간 싸움에서 이길 수 있어야 한다. 당장 몇 달의 임대료가 중요한 것이 아니라 매각 타이밍에 건물 가격을 높게 받는 것이 중요하다는 점을 염두에 두고, 6개월 정도 공실은 버티겠다는 각오로 임대 구성을 해야 한다.

Case Study 12

전문 MD 구성으로 70억 원 건물 가치를 110억 원으로 높이다!

C는 삼성역 인근의 노후 건물을 매입해 신축한 뒤 1·2층에 새로운 임차인을 들이기 위해 직접 MD 프로젝트를 가동했다. 건물 MD를 구성할 때 먼저 해야 할 일은 주변의 비슷한 건물 임대료를 조사하는 것이다. 기존 건물의 임대료를 바탕으로 향후 새 건물에서 발생할 예상 임대료를 산정하며, 이 비용을 바탕으로 건물에서 앞으로 얻게 될 손익을 계산한다.

건물 수익을 최대한 높일 수 있는 임대 MD를 구성하려면 다양한 과정을 거쳐야 한다. 먼저 건물에 입점시킬 업종을 파악해 리스트를 만든다. 건물주의 개인적 선호도보다는 건물 가치를 높이는 업종 선택이 필수이며, 지역 유동 인구와 수요를 분석해 공실 발생이 적고 높은 임대료를 받을 수 있는 업종을 선정한다. 그중 프랜차이즈 업종은 해당 회사의 입점 담당자에게 건물 입지와 향후 상권 등을 분석한 자료를 보내 입점을 제안한다.

원래 구축 건물에는 휴대폰 대리점과 분식점 등이 입점해 있었다. 하지만 신축 건물에는 이런 업종이 어울리지 않았다. 좀 더 퀄리티가 있는 임차인이 필요하다는 판단에 시간 싸움에 돌입했다. 중간에 다양한 제안이 있었으나, 임대 수익률을 맞출 수 없어 거절하기를 반복했다. 꽤 오랜 시간이 흐르고 공실이 계속되자 건물주는 지치기 시작했다. 8개월여의 시간이 흘렀을까. 드디어 원하는 업종에서 임차 제안이 왔고, 신축 8개월 만에 프랜차이즈 업종을 비롯해 양질의 업종으로 임대 구성을 완성할 수 있었다.

1층에 좋은 임차사를 들이니 2층은 자연스럽게 해결됐다. 인근에서 가장 유명한 학원이 건물 한 층을 통째로 계약했다. 건물 매입가가 70억 원인데, 신축 후 MD 구성을 끝내자 8개월 만에 110억 원으로 상승했다.

[이후 이야기]

2024년 125억 원에 매각하고 많은 시세차익을 거두어 압구정 APT 투자를 바로 결정했다. 역시 대단한 결단력과 정보력의 투자자다.

건물 투자 비밀 노트 개정판

유명 프랜차이즈 업종 들이기

대부분의 건물주는 인테리어가 깔끔한 카페, MZ세대가 즐겨 찾는 햄버거집, 데이트족을 겨냥한 값비싼 스테이크 전문점 등 유명 프랜차이즈 업종을 선호한다. 프랜차이즈 업종이 입점하면 건물 가격이 상승하는 것은 물론, 인근 땅값도 들썩거린다. 유명 프랜차이즈가 끌어들이는 사람이 많아 상권에도 영향을 주기 때문이다. 매장 내외를 깔끔하고 세련된 디자인으로 치장하는 만큼 건물이 고급스러워 보이는 효과는 덤이다.

이처럼 유명 프랜차이즈를 들이면 건물 가치가 상승하므로 건물주는 임대 구성에 전력을 다해야 한다. '스타벅스'를 유치하기 힘들면 '이디야', '빽다방' 등 젊은 세대가 선호하는 프랜차이즈 등이라도 입점시켜야 한다.

돈 벌어주는 효자,
주차장 & 옥외 광고

요즘은 주차가 수월한 건물이 인기 있다. 자가용 이용자가 많은 강남은 주차 공간이 비좁아 애를 먹고, 강북 지역은 아예 주차장이 없는 곳도 많다. 따라서 건물의 입지 조건에 비해 주차 여건이 훌륭하면 건물 가치는 올라가기 마련이다.

건물이라고 하면 대개 번듯한 외관을 갖춘 그럴싸한 모습을 떠올린다. 반면 주차 빌딩은 외관이 허름해 투자 대상으로 여기지 않는 경우가 많다. 그러나 주차장 건물은 예상외로 큰 수익을 안겨주는 효자 물건 중 하나다.

홍콩 도심지는 주차 한 면당 우리 돈 1억 원을 내고 구입해야 한다. 강남의 유료 주차장 한 달 이용료는 25만 원 선인데, 은행 이자로 추산하면 약 1억 원의 가치와 맞먹는다. 건물주 입장에서는 주차장으로 건물의 부가가치를 높일 수 있다.

통상 주차장 한 면이 차지하는 면적이 1.7~1.8평 정도이며, 이 한 면에서 약 25만 원의 수익이 발생한다. 이를 건물 수익률로 환산하면 평당 12만~13만 원이다. 일반 건물도 10만 원을 넘기기 어려운 것과 비교하면 상당히 높은 편이다.

주차 빌딩은 일반 건물에 비해 장점이 다양하다. 우선 건축비가 싸다. 일반 건물 공사비가 평당 600만~700만 원인 반면, 단순 철골 구조물의 주차 빌딩은 200만~250만 원이다. 사람들이 생활하는 공간이 아니기에 건물을 관리하기도 쉽다. 건물이 꼭 대로변에 자리할 필요도 없다. 뒷골목의 한적한 곳에 있어도 수요가 많다. 주차장으로 운영할 때는 높은 임대 수익을 거둘 수 있고, 일반 건물로 신축하면 높은 매매 차익까지 기대할 수 있다.

강남대로변에 건물을 신축하면서 지하 6층 건물을 지하 8층으로 만들어 주차 면적을 늘린 사례를 살펴보자. 늘어난 주차 면적으로 월 4,000만~5,000만 원의 부가 수익을 창출하고 있다. 이 건물은 충분한 주차 면적 외에도 지하철역에서 가깝고, 버스 정류장을 끼고 있으며, 강남 번화가에 자리해 주차 수요가 풍부했다. 주변의 주차하기 어려운 빌딩 이용객이 이곳으로 몰려든 것이다. 건물주가 1,600억 원에 매입해 신축한 이 빌딩은 현재 4,500억 원의 가치를 지닌 것으로 평가된다. 투자 수익만 2,900억 원으로, 각종 세금과 비용을 감안해도 놀라운 수익률이다.

주차장 운용 방식

1. 외부 주차

복잡한 도심일수록 주차 면적이 부족하다. 특히 강남 오피스 빌딩이 밀집한 지역은 여유 있는 주차장을 찾기 힘들뿐더러 주차비도 비싸다. 주차 면적을 다량 확보한 후 외부 주차 시설로 공개해 운영하는 곳이 많다. 주차면이 100개라면 월 130~140대의 차량을 받을 수 있다. 외부 주차는 차량 이용자들이 24시간 내내 주차하는 게 아니므로 주차장 면적의 30%를 초과해 이용객을 받을 수 있기 때문이다. 주차비가 월 25만 원이고 100대의 차량이 주차 가능하다면 최대 월 3억 5,000만 원의 수익이 발생하며, 이 정도면 임대료 못지않은 짭짤한 부가 수익이다.

2. 주차 타워

건물에 주차장이 없거나 있어도 주차면이 너무 작은 경우 건물에 별도로 주차 타워를 만들 수 있다. 주차 타워를 지으면 임차사의 건물 선호도가 높아지고, 주차면이 여유로우면 외부 주차 서비스도 제공할 수 있어 건물 수익률이 높아진다.

3. 쿠폰 발행

보통 임대차 계약을 진행할 때 주차장 사용 내용을 구체적으로 명시한다. 임차인에게 주차장 한 면을 무료로 제공한다고 가정하면 업장을 방문하는 고객의 주차비는 징수할 수 있다. 임차인은 방문객에게 주차 무료 쿠폰을 제공하는데, 건물주는 이 쿠폰을 유료로 발행해 임차인에게 판매하는 방식을 취한다. 쿠폰 판매 수익은 건물 관리 수익에 포함된다.

4. 발레파킹 서비스

건물 입구에서 발레파킹(Valetparking) 서비스를 제공한다. 임차인이나 방문객 입장에서는 건물 이용이 편리할 뿐 아니라 고급 건물 안으로 들어가는 인상을 받을 수 있다. 발레파킹 서비스 요원을 둬야 하므로 인건비가 들지만, 건물 이미지뿐 아니라 임대료에 발레파킹 사용료를 부과할 수 있어 결론적으로는 건물 수익률을 높이는 데 도움이 된다.

Case Study 13

배우 K의 강남 주차 건물 투자 성공기

톱배우 K의 주차 빌딩 투자 사례를 살펴보자. K는 강남 핵심 요지에 자리한 주차장 건물에 일찌감치 투자해 큰 수익을 거뒀다. 2006년 경 119억 원에 196평 규모의 주차 빌딩을 매입할 당시 평당 가격은 6,000만 원 선이었다. 현재 이 주차장 인근의 건물은 평당 1억 2,000

만 원이다.

이곳은 지하 4층에서 지상 5층 규모의 건물을 신축 중이다. 완공했을 때 예상 가치는 250억~300억 원이다. 119억 원을 투자해 두 배 넘는 투자 수익을 거둘 수 있으니 주차 빌딩 투자의 교본이 될 만하다.

옥외 광고물 & 통신사 시설물 설치

건물이 대로변에 자리하거나 유동 인구의 가시성이 확보된 입지라면 전광판이나 광고판 유치를 고려해볼 만하다. 강남 코엑스 광장 앞 유명 전광판은 월수입이 수억 원을 웃돈다. 유동 인구가 많은 데다 해외 관광객들의 방문이 잦고, 콘텐츠도 수준이 높아 광고하려는 업체가 많다. 비싼 돈을 주고도 이곳에 광고한다는 것은 그만큼 홍보 효과가 높다는 이야기다. 광고판 설치는 건물 광고를 전문적으로 담당하는 홍보 대행사에 의뢰하면 알아서 해준다. 건물주는 매달 일정액의 광고 수수료를 챙길 수 있어 이익이다.

건물 옥상에 통신사 안테나를 설치해 부가가치를 창출하는 방법도 있다. 국내 통신사 대표 주자인 SK·LG유플러스·KT 등은 각 거점 지역에 자사 송수신 탑을 설치한다. 수많은 통신기지국이 서울 시내 곳곳에 포진해 있으며, 이 시설물은 주로 건물 옥상에 설치된다. 건물 옥상에 통신사 수신기 자리를 내주고 월 임대료를 받는데, 경우에 따라 월 수백만 원의 부가가치를 올릴 수 있다.

<삼성역 코엑스몰의 옥외 광고>

출처 : Shutterstock

건축법을 알면
돈이 보인다

건축법규를 활용해 건물 가치를 높이는 방법도 있다. 리모델링이나 신축을 할 때 미리 건축 내용을 잘 계획하면 훨씬 유리한데, 90억 원 건물을 100억 원으로 높일 수 있는 것이 건축 틈새시장이다.

　건물에는 생각하는 것보다 훨씬 다양한 법이 적용된다. 한 예로, 기존 건물에 기계식 주차장을 설치할 때는 연면적이나 용적률에 제한을 받지 않는다. 주차장 설비 시설을 확충할 때는 정부에서 지원금도 보조해준다. 즉 건물에 유리한 쪽으로 이용 가능한 방법을 찾을 수 있다는 것이다.

　현재 서울 도심의 빌딩 중에는 엘리베이터가 없는 건물도 많다. 하지만 2018년 이후 장애인고용촉진법이 생기면서 달라지고 있다. 장애인고용촉진법은 기업이 장애인을 고용할 때 다양한 혜택을 줌으로써 장애인에게도 평등한 직업 권리를 보장하는 법이다. 건물 투자와 장애인고용촉진법이 무슨 상관이냐 싶겠지만, 엘리베이터가 건축법에서 중요한 이슈로 등장한 계기가 되었다. 장애인고용촉진법의 등장으로 건물에 엘리베이터를 새로 설치할 경우 용적률과 건폐율의 제한을 받지 않는다. 기존 건물의 건폐율과 용적률 외 엘리베이터 면적을 확보할 수 있게 된 것이다.

건물 외벽에 달린 누드 엘리베이터는 용적률의 제한을 받지 않기 위해 외부에 엘리베이터를 설치한 경우다. 건물 내부 시설에 건폐율과 용적률을 전부 활용하는 대신 엘리베이터를 추가함으로써 건물 가치를 높인 것이다.

엘리베이터가 없는 4~5층 건물은 엘리베이터가 있는 건물에 비해 임대료가 크게는 2분의 1까지 떨어진다. 임차인은 비슷한 수준의 임대료를 낸다면 무조건 엘리베이터가 있는 건물을 선택할 것이다. 상

업 시설에서 엘리베이터는 임대료에 많은 영향을 미치는 요소로, 만약 월 임대료를 150만 원 받던 건물이라면 엘리베이터 설치 후 200만 원으로 올려 받을 수 있다는 것을 기억해두자.

학원과 병원 임대료는 왜 비쌀까?

보습 학원을 제외한 일반 학원은 다중 이용 시설 건물에만 입주할 수 있다. 다중 이용 시설은 계단이 두 군데로 나뉘어 설치된 건물이다. 계단이 두 개라면 건물 규모가 크고 일정 수준 이상 조건을 만족시키는 건물이라는 예상이 가능하다. 간혹 건물 외벽에 계단이 설치된 것을 볼 수 있는데, 다중 이용 시설 기준을 충족하기 위한 방편으로 외벽 계단을 선택한 것이다. 다중 이용 시설에만 입주가 가능하다 보니 일반 학원 임대료는 다른 업종보다 비싼 편이다.

병원도 비슷하다. 의원과 달리 병원은 엘리베이터 규모가 일정 수준 이상이며, 외부 피난 계단과 장애인용 화장실 등을 갖춘 1종 근생 건물에 입점할 수 있다. 다른 건물에 비해 병원 임대료가 비싼 이유다. 하지만 병원을 운영하는 입장에서는 입주할 만한 조건을 갖춘 건물이 많지 않아 애를 먹는다고 토로한다.

따라서 학원이나 병원이 들어올 수 있는 수준을 갖춘 건물이라면 임대료 인상과 건물 가치 상승이라는 두 마리 토끼를 잡을 수 있다.

호텔식 서비스로
가치를 높여라

최근 테헤란로에 신축한 빌딩이 부동산 관계자들 사이에 화제를 모았다. 규모는 크지 않지만 특급 호텔에서나 볼 수 있는 서비스가 건물 내에서 제공된다. 건물 투자가 매력적인 건 바로 이런 부분이다. 건물주가 관심을 쏟고 돈을 투자하는 만큼 부가가치가 창출되기 때문이다.

건물에서 제공하는 서비스는 다양하다. 우선 건물을 임차한 회사의 대표나 임원급은 해당 건물 주차 시 발레파킹 서비스를 받을 수 있는 데, 외출할 때 미리 전화하면 건물 앞에 얌전하게 주차된 자신의 차를 이용할 수 있다. 비가 오는 날은 건물 1층에서 우산을 대여해준다. 화장실은 최고급 마감재를 사용해 특급 호텔 화장실처럼 꾸몄으며, 사용자가 들어가면 클래식 음악이 나오는 등 쾌적하고 편안한 분위기를 제공한다.

건물 지하에는 임차인을 위한 휴게 공간을 따로 마련한다. 운동, 영화나 음악 감상, 단체 미팅이나 회의 공간 등 목적에 맞게 구분해 임차인이 원할 때는 언제든 사용할 수 있도록 제공한다. 임차인 입장에서는 자주 이용하지 않더라도 이런 공간이 있다는 것만으로 만족감을 느낀다. 또 임차인들은 엘리베이터 모니터를 통해 자사 홍보 영상뿐 아니라 함께 입주한 다른 회사의 정보도 알 수 있다. 건물 방문객 역시 엘리베이터에서 상영하는 홍보 영상을 통해 입주사의 정보를 확인할 수 있다.

물론 이런 시설을 이용하는 비용과 공간 관리 비용은 모두 임차인이 내는 임대료에 포함된다. 건물 임대료는 주변 건물에 비해 상당히 높지만 현재까지 공실이 발생한 적은 없다. 입주하려는 회사는 많고 공간은 부족하니 당연히 임대료는 계속 상승하고 있다.

공유 오피스의 투자 방식에 주목하라

부동산업을 풀어 쓰면 부동산 임대 서비스업이다. 서비스는 말 그대로 사람을 상대로 용역을 제공하는 일이며, 이 용역의 품질이나 수준에 따라 고부가가치를 창출할 수 있는 분야다.

요즘 스타트업을 중심으로 인기 있는 위워크나 패스트 파이브 같은 공유 오피스도 일종의 부동산 임대 서비스업이다. 이들은 건물을 아주 작은 단위까지 쪼개서 개인 또는 단체에 그 영역을 임대하는 방

〈위워크 강남역 사무실〉

출처 : Wework

식으로 사업을 운영한다. 사용료가 상당히 높은데도 사람들은 양질의 서비스를 기대하며 이용한다.

공유 오피스에 입주한 사람들은 쾌적하고 세련된 근무 환경에 대해 만족도가 높은 편이다. 무료 와이파이는 물론 커피와 맥주·간식 등의 서비스를 제공하며, 미팅이나 업무 회의를 할 때 전용 공간을 사용할 수 있다. 보안 시설이 완벽한 데다 주차도 비교적 원활한 편이다. 회사 이미지를 높이는 데도 한몫하며, 무엇보다 입주한 사람들끼리 네트워크가 연결되어 사업에 도움을 받기도 한다. 이런 점에서 향후 건물 임대 방식은 본격 호텔식 임대 서비스 업종으로 진화될 것이라는 추측을 할 수 있다.

AI로 관리하는 최신식 건물

건물을 지을 때는 항상 당대 가장 발달한 건축 기술을 이용하기 마련이다. 건물에 설치한 각종 시설이나 집기가 최신품인 것은 물론이고, 관리를 하는 데도 최첨단 디지털 방식을 적용한다. 지금의 건물은 제4차 산업혁명을 넘어 AI가 관리하는 수준으로 넘어가고 있다.

주차는 원격 디지털 시스템으로 제어한다. 해당 층에 몇 대의 자동차를 주차했는지 알 수 있고, 주차된 자동차를 개별적으로 인식할 수도 있다. 임차인은 자신의 휴대폰으로 방문 고객의 차량을 관리한다. 임차인이 자동차 번호를 등록해두면 건물을 드나들 때 주차할 수 있는 위치 또는 주차해놓은 위치를 확인할 수 있다.

최신식 엘리베이터는 다양한 호출 서비스를 통해 대기 시간을 줄인다. 사용자가 다양한 방식으로 호출 서비스를 이용할 수 있으며, 비대면 터치 또는 안면 인식 기능 등을 통해 손으로 직접 버튼을 누르지 않아도 해당 층으로 이동 가능하다.

화재경보기나 보안 시스템, 냉난방·환기 시설 등의 공조 시설 역시 디지털로 제어 관리한다. 실내 온도가 너무 높으면 에어컨이 저절로 강약을 조절해 일정 온도를 유지한다. 조명 시설 역시 햇빛의 조도에 따라 자동으로 밝기를 조절한다. 일정 시간 사람의 움직임이 없으면 조명을 끄거나 냉난방 시스템 작동을 멈추기도 한다. 건물의 서비스 수준이 최첨단이면 임차인은 기꺼이 비싼 임대료를 감수한다. 건물주는 건물에 투자한 비용보다 더 많은 부가가치를 얻을 수 있다.

건물 관리의
모든 것

건물을 보유한 사람들은 건물을 관리하는 데 상당히 많은 시간과 노력을 쏟아붓는다. 아파트는 임대를 놓으면 계약 기간에 가보지 않아도 문제가 될 것이 없다. 어쩌면 방문하지 않는 것이 서로 편하다. 하지만 건물은 정반대다. 건물 관리를 잘해야 수익률을 높일 수 있다.

건물주가 된 뒤 임대료를 받으며 행복해하는 것도 잠시, 각종 의무 사항을 해결하느라 분주해진다. 건물은 주차부터 시작해 시설 관리, 관리비 정산, 건물 보안과 유지·보수 등 처리할 것이 많다. 건물주는 임차인이 요구하는 다양한 문제를 해결해야 하고, 불안요소가 있을 때는 미리 방지하는 역할도 해야 한다.

건물주는 건물을 산 날로부터 6개월 이내, 이후에는 2년마다 한 번씩 소방안전관리 강습 교육에 참여해야 한다. 소방안전관리자를 대리로 지정할 수 있지만, 꼬마 빌딩주는 대부분 스스로 이 역할을 담당한다. 건물 관련 전기 안전 점검, 엘리베이터 점검, 정화조 관리 역시 주기적으로 진행해야 한다. 특히 엘리베이터는 한 달에 한 번 점검하는 것이 필수이며, 보험도 들어야 한다. 모든 점검과 검사·진단에는 전문가가 필요하며 이를 진행하는 데도 비용이 발생한다. 시설 관련 점검 의무를 꼼꼼히 해야 추후에 문제가 발생하지 않는다.

임차인 관리도 신경 써야 할 부분이다. 임차인으로부터 "○○가 고장 났어요", "물이 새요", "주차장에 문제가 생겼어요", "공용 화장실에 휴지가 떨어졌어요" 등 각종 민원이 제기될 수 있다. 주택과 별도로 건물 규모와 특성에 따라 부가세, 종합소득세, 지방세와 재산세 등이 부과되는데, 이 또한 건물주가 챙겨야 한다.

각종 비용 정산은 어떻게 할까?

건물주는 매달 수도·전기·가스·통신·청소 등 건물 관리와 관련한 비용을 임차인에게 부과해야 한다. 임차한 공간은 각자 계량기 검침에 따라 부과하면 되지만, 공용부 관리에 드는 제반 비용은 N분의 1로 나누거나 임차인의 사용 비중을 따져야 한다. 이 부분이 공정하게 이루어지지 않으면 임차인들이 불만을 제기할 수 있으니 주의한다.

교통유발부담금도 관리비 항목으로 부과할 수 있다. 도심 지역의 연면적 1,000㎡ 이상인 건물에 과세되는 교통유발부담금은 과세 단위가 1㎡로, 그 비용이 결코 낮다고 볼 수 없다. 최근에는 교통유발부담금을 비롯해 도로점용료 등 건물 사용에 따라 발생하는 각종 부과금을 사용자들이 나누어 내는 분위기가 형성되고 있다. 임차인에 의해 건물 비용이 발생하면 관리비로 부과할 수 있으니, 건물주 입장에서는 세 부담을 경감하는 방법으로 응용할 수 있다. 임대계약을 체결할 때 계약서에 이 부분을 명시해야 나중에 분쟁의 소지가 없다.

규모가 큰 건물이라면 전문 관리인을 두어 건물 경영 관리를 맡기는 것도 방법이다. 최근에는 건물에 경비 요원을 두지 않고 캡스 등 전문 보안업체의 서비스를 이용하는 곳이 늘고 있다. 건물 관리 비용을 절약하기 위해 다양한 방법을 찾는 것 또한 건물주의 몫이다.

이사와 원상 복구, 어떻게 할까?

계약이 종료되어 임차인이 이사를 나갈 때 원상 복구를 둘러싸고 문제가 발생하기도 한다. 아파트는 임차인이 직접 돈을 들여 인테리어한 경우를 제외하면 따로 원상 복구를 하지 않는 것이 용인된다. 건물은 일반적으로 입주 당시 상태로 복구해놓는 것이 원칙이다. 하지만 임차한 시설별로 각각의 공간이 처한 상황이 다르기에 그에 걸맞은 원상복구 기준을 건물주가 결정해야 한다.

사무실로 사용한 공간에 친 칸막이나 헬스클럽 공간에 만든 샤워 시설, 식당으로 임차한 공간에 설치한 주방과 수도 시설 등에 관한 원상 복구는 다음 임차인이 누구냐에 따라, 또는 건물 컨디션에 따라 없앨 것인지 아닌지, 없앤다면 어느 수준으로 없앨 것인지가 중요하다. 만약 공실이 발생할 것을 우려해 임차인의 인테리어 요구 조건을 수용한 경우라면 원상 복구를 요청하기 어려울 수도 있다. 그 자리에 새로운 임차인이 들어오면 다시 이사와 관련한 수많은 일이 반복된다.

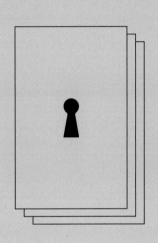

Part 8

건물 투자 성공의
지름길

매입하는 순간
매도 계획을 세워라

건물을 살 때는 고려해야 할 많은 조건이 있다. 이 중 하나라도 소홀히 하면 투자에 따른 성공을 장담하기 어렵다. 그래서 건물주가 되려면 첫째도 둘째도 계획이다. 꼼꼼하고 철저한 계획이 전제되어야 하는 것은 물론, 관련 내용에 대해 전문가 수준이 되어야 한다.

건물 투자를 결심했다면 가장 먼저 할 일은 계획을 세우는 것이다. 자금은 어떻게 조달할 것인지, 어느 지역의 건물을 매입할 것인지, 어떤 목적으로 사용할 것인지, 어떻게 관리할 것인지, 매각은 언제 할 것인지 등 최대한 구체적이고 꼼꼼하게 세워야 한다. 계획도 없이 아파트에 투자하듯, 오르면 팔고 떨어지면 보유하겠다는 생각으로 접근하면 감당해야 할 리스크가 너무 크다.

상업용 건물을 매매할 때는 다음과 같은 구체적 절차를 상정하고 그에 따른 세부 계획을 세워야 한다.

건물 투자의 6단계

1. AM(Asset Management)

자금 조달 등 재정 포트폴리오를 짜고, 어떤 자산을 어떤 방식으로 매입할 것인지 구체적으로 계획을 세우는 단계다.

2. CM(Construction Management)

건물 매입 후 리모델링이나 신축이 필요할 때 설계와 건설 등 건축 내용을 미리 계획하는 단계다.

3. LM(Leasing Management)

신축이나 리모델링 후 건물이 완성되면 어떤 임차인을 들일 것인지 종합적으로 구성하고 계획하는 단계다.

4. PM(Property Management)

건물의 인수·인계부터 관리·운영 등 건물 경영에 필요한 업무 영역을 계획하는 단계다.

5. FM(Facility Management)

건물의 수선·유지·보수, 주차·보안 등 시설물 관리를 진행하는 단계다.

6. AM(Asset Management)

일정 기간이 지난 후 건물 매각을 계획하는 단계다.

리스크 관리가 필요하다

여느 투자와 마찬가지로, 건물 투자에도 리스크가 존재한다. 단계별 건물 투자 리스크에는 어떤 것이 있는지 살펴보자.

1. 컨설턴트 리스크

건물 투자를 할 때 처음 맞닥뜨리는 것이 바로 컨설턴트 리스크다. 매매와 관련해 전적으로 도움을 받아야 하는 존재를 두고 리스크라고 표현한 것은, 이들의 역할이 그만큼 중요하기 때문이다. 건물을 매입하고 관리하다 보면 수많은 일이 발생하는데, 수수료를 받기 위해 거래 자체에 목적을 두고 나머지 일에선 쏙 빠지는 중개업자도 있다. 제대로 된 건물 컨설턴트라면 매매부터 관리까지 토털 서비스를 제공해야 하며, 건물주가 처할 수 있는 여러 상황을 공유하고 협업해야 한다.

초보 건물 투자자는 건물 매매에 뒤따르는 다양한 변수를 예측할 수 없어 컨설턴트에게 많은 것을 의존하기 마련이다. 좋은 컨설턴트를 만나는 일은 건물 투자를 할 때 가장 먼저 염두에 두어야 할 부분이다.

2. 레버리지 리스크

건물에 투자할 때 자기 자본금 100%로 거래하는 경우는 거의 없다. 레버리지는 수익을 극대화하는 가장 좋은 수단이기에 건물 투자자의 99%가 레버리지를 이용한다. 하지만 레버리지를 사용할 때는 위험 상황 발생 시 이를 방어할 수 있는지 반드시 체크해야 한다.

경기 하락으로 공실이 발생하면 임대 수익을 올리기 어렵고, 임대 수익이 줄어들면 은행 이자를 감당할 수 없다. 살던 집을 팔거나 건물이 경매로 넘어가는 경우가 부지기수로 발생하는 만큼 특히 조심해야 한다. 이런 상황을 방지하려면 임대 수익의 60~70% 수준으로 레버리지를 쓰는 것이 바람직하다.

3. 공실 리스크

레버리지 리스크는 결국 공실 리스크와 연관되어 있다. 공실 리스크는 상권 분석, 나아가서는 입지 분석으로 대비한다. 건물이 자리한 지역에 따라, 같은 지역에 위치하더라도 건물 컨디션에 따라 공실이 발생 할 수 있는 경우는 각기 다르다. 길 하나를 사이에 두고 최고와 최악의 임대 상황이 벌어지기도 하는 것이 건물이다.

코로나19 발생으로 경기가 악화되면서 서울 요지의 주요 상권이 많이 위축됐다. 가격이 저렴하다는 이유로 이런 상권에 진입하는 것은 추천하지 않는다. 비싼 상권에 무리해서 들어가는 경우 공실 발생 리스크가 너무 크다. 이런 상황을 안고 가느니 차라리 투자를 하지 않는 편이 낫다.

건물 투자에 성공하려면
좋은 파트너를 만나야 한다

건물 투자를 진행할 때는 공인중개사, 설계사, 시공사, 세무사, 법무사, 은행가, 임차인 등 다양한 파트너가 필요하다. 이를 종합적으로 관리해줄 수 있는 전문가를 찾는 것이 건물 투자의 시작이자 끝이다.

건물 투자는 막대한 자금이 들기 마련이다. 대부분의 건물 투자자는 자신이 가진 자본을 모두 쏟아부으며, 쓸 수 있는 한 최대한의 레버리지를 사용한다. 불확실성이 내포되어 있어도 높은 투자 수익을 기대하며 위험을 감수하는 것이다.

따라서 건물 투자는 '내 생각'으로 해서는 안 된다. '내 생각'은 경험에서 나오고, 그 경험은 한계가 있기 때문이다. 그럼에도 대부분의 투자자는 자신의 생각이 가장 중요하다고 여기며 '오르면 좋고 안 되면 보유하고'라는 안일한 생각으로 어설픈 투자를 진행한다.

반면 전문가는 거래 그 자체에 매달리지 않는다. 레버리지와 공실 등 발생할 수 있는 각종 리스크, 건물 관리와 경영에 필요한 건물주 역할까지 모두 파악해 판단하고 진행한다. 복잡한 세금과 회계, 법규 문제까지 아우르고 이야기하다 보니 고객으로부터 '건물을 중개할 생각이 있는 것인가?' 하는 눈총을 받기도 한다. 건물 투자가 어려운 일이라고 거듭 강조하는 것이 못마땅하기 때문이다.

하지만 컨설턴트 입장에서는 문제점을 미리 지적하지 않으면 나중에 더 큰 문제가 발생할 수 있는 만큼 조심스러울 수밖에 없다. 세상의 모든 비즈니스가 그렇지만 '잘되면 내 탓, 안 되면 네 탓'이다. 건물 투자도 마찬가지라, 매입부터 매각에 이르기까지 수많은 문제가 산적해 있다. 이 문제가 제대로 해결되지 않으면 건물주는 내내 골치 아픈 상황에 처하기 마련이다. 종국에는 거래를 잘 못했다며 컨설턴트를 탓하고, 심지어 책임 소재를 따지는 상황도 벌어진다.

좋은 파트너의 조건 3

1. AM부터 FM까지 토털 서비스를 제공하는가?

보편적으로 부동산 투자 시장에서 건물을 매매할 때는 컨설팅이라는 표현을 사용한다. 거래 금액과 건물 규모가 크고, 확인하고 챙겨야 할 내용과 서비스 항목이 많기 때문이다. 건물은 거래 자체도 중요하지만 매도자와 매수자 모두에게 세무부터 건물 유지·관리에 이르기까지 세부적 컨설팅 서비스가 필요한 것이 부동산 업무다. 거래가 끝나고 오히려 더 많은 관리가 필요할 때도 많다.

건물 매입 후 리모델링이나 신축을 진행할 때 건물주가 업체를 일일이 찾아다녀야 한다면 이 과정은 건물주에게 고난의 가시밭길이 될 수 있다. '집 짓다가 10년 늙는다'는 말이 괜히 나온 것이 아니다. 그만큼 건물을 신축하는 일은 보통 사람들이 하기에 쉽지 않은 영역이라는 의미. 건물을 신축했다고 치자. 임대인을 어떻게 구성하고 찾아야 하는지 몰라 중구난방으로 임차를 놓으면 건물의 가치가 하락한다.

상업용 빌딩에 투자하려면 앞서 살펴본 AM(Asset Management)부터 FM(Facility Management)까지 전 과정을 통합해 계획을 세울 줄 아는 전문가가 필요하다. 건물 가치 평가와 자산 관리, 건물의 밸류업 산정 등 다양한 업무 영역을 진행할 수 있어야 하며, 관련 라이선스와 오랜 경력 등이 더해지면 더욱 좋다.

건물 투자는 동네 상권이 아닌, 더 넓은 지역을 대상으로 투자처를 물색하는 것이 보통이다. 서울 권역이나 경기 권역, 지방이라면 부산 등 대도시 권역 등이 대상이 된다. 전문 컨설턴트는 서울을 비롯한 다수 지역의 입지 분석을 끝냈거나 관련 자료를 확보하고 있으며, 객관적 통계 수치를 바탕으로 예산부터 매도까지 확실한 계획을 제시할 수 있어야 한다.

동네 상권에서만 움직이는 컨설턴트는 자신이 속한 지역 위주로 거래를 진행하기에 해당 지역의 물건을 추천할 확률이 높다. 관련 지역을 벗어나면 큰 관심을 두지 않으며, 거래에 적극적이지도 않다.

2. 임대업체를 구성할 능력이 있는가?

건물 임대업체 구성은 건물주의 자산 관리 개념과 비슷하다. 건물 매입 후 완벽한 리모델링을 통해 새 건물을 신축했다면 그게 걸맞은 임대료 산정은 필수다. 이는 건물주의 자산 형성에도 기여한다. 임대업체 구성에 대한 이해도가 낮으면 근처 동네 부동산을 찾아 "적당한 시세에 임대를 놓아달라"고 요청할 수밖에 없다. 임대에 급급하면 중구난방으로 임차인이 들어오는 건 필연적이다.

건물은 서로 이웃해 있더라도 건물이 지닌 각기 다른 조건에 따라 차별화된 임차인을 들이고, 높은 임대료를 책정할 수 있다. 이는 결국 전문가의 영역이다. 건물 전문 컨설턴트는 처음부터 임대와 관련한 기본 계획을 세우고 시작한다. 최근 유행하는 임차 업종은 무엇인지, 건물이 위치한 지역의 상권과 특성은 어떤지, 누구나 알 만한 유명 프랜차이즈 기업의 관련 부서와 연락해 제안서를 건네고 협상을 진행시킬 수 있는지 등을 살핀다. 조건에 걸맞은 임차인을 찾으면 계약을 대리하는 것 또한 이들의 업무 영역이다.

건물 가치를 높일 수 있는 업종 구성으로 건물주의 임대 수익을 극대화하는 것이 빌딩 전문 컨설턴트의 역할 중 하나다.

3. 선진화된 중개 시스템을 갖췄는가?

우리나라에 부동산학과가 생긴 지는 30년 남짓 되었다. 미국이나 유럽 등 주요 선진국이 100여 년에 걸쳐 부동산학을 발전시켜온 것과 비교하면 역사가 매우 짧다. 부동산 전문가라고 자처하는 이들은 대부분 학문적 배경이나 전문적 지식보다는 경험을 토대로 일을 진행한다. 과거 중개업자들이 하던 방식을 그대로 답습하는 경우가 많으며, 체계적이고 선진화된 중개 시스템을 도입하는 데 소극적이다.

최근에는 전문적 지식을 바탕으로 상업용 건물을 체계적으로 중개하는 전문가가 속속 생겨나고 있다. 선진화된 시스템을 수용하고 수치와 자료를 통해 분석하며, 이를 서면화해 클라이언트에게 제시한다. 때에 따라서는 전문적 프레젠테이션도 진행한다. 이러한 전문 컨설턴트를 만날 수 있다면 건물 투자의 성공 가능성은 한층 높아질 것이다.

투자자와 중개인도 궁합이 있다

앞서 말한 조건을 갖춘 전문 컨설턴트라도 가장 중요한 것은 고객과의 호흡이다. 투자자에게는 자신의 조건에 대한 깊은 이해와 공감을 이루어낼 수 있는 컨설턴트가 필요하다. 이는 투자 상담을 하는 과정에서 대화를 통해 확인할 수 있다.

건물 중개를 전문으로 하는 컨설턴트도 사람인지라, 여러 번 거래

하며 신뢰가 쌓인 고객에게는 좋은 물건을 먼저 추천하는 경우가 많다. 고객이 건물의 가치나 적정 수준을 알아보는 안목을 갖춘 만큼 거래가 수월하고, 나중에 큰 차익을 보고 되팔면 감사를 표하는 등 서로 윈윈하는 관계가 만들어진다.

반면 처음 컨설팅을 받으러 와서는 건물의 문제점이나 약점만 들추는 등 부정적 시각을 지닌 이도 있다. 이런 고객에게는 좋은 물건을 추천해도 성사되기 어렵다는 것을 알기에 추천을 꺼리기 마련이다. 건물 투자로 큰 이익을 남기면 본인 덕이고, 반대로 손해 보면 컨설턴트에게 그 책임을 전가한다. 뒷말이 많으면 더욱 힘들다. 노련한 컨설턴트일수록 이런 고객과는 거리를 두며, 투자자는 좋은 물건을 소개받을 기회로부터 점점 멀어진다.

투자자가 자신의 성향과 잘 맞는 컨설턴트를 찾아내는 것이 관건이듯, 컨설턴트 역시 궁합이 맞는 고객과 일하는 것을 선호한다. 일 잘하는 컨설턴트일수록 매매 건수에 연연하기보다 고객과의 관계 설정에 높은 비중을 둔다. 궁합이 잘 맞는 컨설턴트를 만나는 것이야말로 건물 투자 성공의 지름길이다.

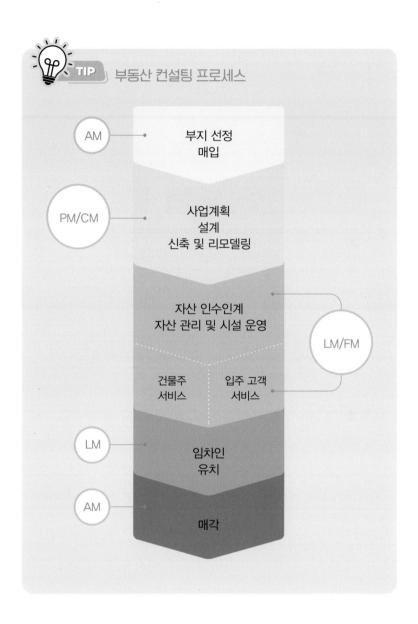

TIP 부동산 컨설팅 프로세스

PM 업무 영역

금융

·소요자금계획 작성
·최적 자금조달 자문
·대출액정 체결 지원
·파이낸스 지원

사업성 검토

·프로젝트 수행 방안 제시
·시장조사 및 법규 검토
·예산 및 사업 일정 수립
·사업수지 분석
·Master Schedule 수립
·명도 관련 대행

설계 관리

·설계사 조사 및 선정
·설계 방향 및 일정 수립
·설계 및 인허가 일정 관리
·사업주 승인을 위한 자문
·설계 진행 관리
·설계 변경 관리

건설 관리

·인허가 관리
·시공사 조사 및 선정
·현장설명서 작성 및 실시
·입찰서류 검토 및 업체 선정
·입찰금액 검토 및 평가
·계약서 작성 및 계약 지원
·공정, 원가, 품질 관리
·기성검사 및 준공정산

LM / FM

·마케팅 기획 및 관리
·임대 분양 발주 및 선정
·임대 분양 용역 수행 관리
·건물 운영 관리 계획 수립
·운영관리 용역사 선정
·건물 인수인계 보고서 작성

20년 후 부동산 중개업 생존 전략

유난히 뜨거웠던 지난여름에 시작해 새해를 맞이한 지금까지, 이 책을 내기 위해 열심히 달려왔다는 생각이 듭니다. 저 역시 생각을 정리할 기회를 얻을 수 있었고, 향후 미래 부동산 시장에 대한 깊은 고민도 할 수 있었습니다.

책을 쓰기 전부터 생각했지만, 책을 쓰면서 한 가지 확실하게 깨달은 것이 있습니다. 21세기 부동산 투자 시장은 과거와의 결별을 통해 더욱 새롭고 미래지향적인 투자 시장이 될 것이라는 사실입니다. 다양한 기술과 과학의 진보가 부동산 시장에도 영향을 미칠 것이며, 부동산을 통한 부의 창출은 보다 효율적이고 미래화될 것입니다.

빌딩은 최소 몇십억 원, 많게는 몇백억 원이 오가는 거래입니다. 전 재산을 걸고 빌딩을 매매하기도 합니다. 이렇게 부동산 중에서도 가장 퀄리티가 높은 중개 상품인데 안타깝게도 아직 국내에는 시대에 발맞춘, 전문적 서비스를 제공하는 빌딩 중개업체를 찾기가 힘듭니다.

대부분 과거 방식을 답습한 채 주먹구구식으로 일한다는 생각을 지울 수 없습니다. 불합리한 영업 방식과 관행을 벗어나 전문성을 갖추기 위한 노력은 게을리하면서 거래 수수료만을 좇아 소비자를 잘못된 길로 이끄는 업체도 많습니다. IT 기술과 과학은 눈부시게 발달하는데, 대한민국 부동산 컨설팅업계는 여전히 보수적 중개 방식에 의지하는 곳이 많습니다.

최근 프롭테크(Proptech)라는 말이 유행하고 있습니다. 부동산(Property)과 기술(Technology)의 합성어로, 부동산 사업에 첨단 IT 기술을 접목해 과거에 없던 혁신적 서비스를 제공하는 것을 말합니다.

요즘 소비자들은 부동산 중개업체를 먼저 찾지 않습니다. 인터넷으로 미리 매물을 확인하고 주변 시설이나 규제 정보, 과거 거래 실적 등 매매에 꼭 필요한 정보를 파악한 후 업체와 중개인을 찾습니다. 현장에서는 부동산 관련 정보를 다양하게 가공해 인터넷에 올리는 IT 회사가 많으며, 서비스 수준도 해가 갈수록 업그레이드되고 있습니다. 이렇듯 부동산 소비자와 IT 기반의 부동산 서비스업체가 상호작용하며 부동산 투자 시장의 흐름을 바꾸고 있습니다.

저 역시 소비자에게 어떻게 하면 좀 더 편리한 경험을 제공할 수 있을지, 어떻게 하면 차별화된 정보를 재빨리 전달할 수 있을지 고민해왔습니다. 회사를 차린 이래 수년 동안 자체 플랫폼과 시스템을 개발하는 데 매달린 결과 적지 않은 데이터를 축적했습니다. 이 과정에서 예상 밖으로 큰 비용이 들기도 했고, 직원들의 반발도 샀습니다. 하지만 수년에 걸친 이런 투자가 결국 결실을 보게 되었습니다. 차별화된 정보와 서비스만이 업계에서 살아남는 중요한 경쟁력이 된다는 사실을 실감하고 있습니다. 옛날에도 그랬고, 지금도 마찬가지이며, 미래에도 그렇겠지만 집을 소유하거나 빌딩을 갖고 싶은 사람들의 마음은 변하지 않습니다. 부동산 소유 욕구는 인간의 본능이기 때문입니다. 하지만 그 과정은 더 어려워질 것입니다. 땅은 한정되어 있고, 가격은 계속 상승할 테니까요. 그 과정에서 좋은 정보를 더 빨리 얻으려면 기술의 힘을 이용해야 합니다. 그런 시장의 생태계를 만드는 것 또한 저와 정인부동산그룹이 해야 할 일이라고 생각합니다.

이 책을 통해 빌딩 매매와 관련한 다양한 지식을 확보하셨나요? 그렇다면 이제 여러분 스스로 움직일 차례입니다. 프롭테크로 변모하는 부동산 투자 시장의 이점을 누리고, 빌딩 매매라는 거대하고 도전적인 시장에 뛰어들어 주도적으로 부를 움켜쥐길 바랍니다.

개정판을 펴내는 지금, 새로운 각오를 다져봅니다. 정인부동산그룹은 부동산 투자의 새로운 기준을 제시하며 트랜드를 선도하는 부동산 투자 전문 회사로의 도약을 위해 새로운 목표를 설정했습니다. 누구도 따라올 수 없는 차별성과 경쟁력을 갖춘 부동산 투자 회사라는 목표를 가지고 전문성을 갖추는 노력을 게을리하지 않을 것입니다. 새롭게 도약하는 정인을 많이 응원해주시고 격려해주시기를 부탁드립니다.

빌딩의 신 정인부동산그룹 대표

박준연

건물 투자 비밀 노트 개정판

제1판 1쇄 2024년 12월 17일

지은이   박준연
펴낸이   한성주
펴낸곳   ㈜두드림미디어
책임편집   이향선
디자인   얼앤똘비악(earl_tolbiac@naver.com)

㈜두드림미디어

등록   2015년 3월 25일(제2022-000009호)
주소   서울시 강서구 공항대로 219, 620호, 621호
전화   02)333-3577
팩스   02)6455-3477
이메일   dodreamedia@naver.com(원고 투고 및 출판 관련 문의)
카페   https://cafe.naver.com/dodreamedia

ISBN   979-11-94223-34-4 (03320)

책 내용에 관한 궁금증은 표지 앞날개에 있는 저자의 이메일이나
저자의 각종 SNS 연락처로 문의해주시길 바랍니다.